LES
GRANDES INDUSTRIES
DE LA FRANCE

PAR A. DROHOJOWSKA

LA TEINTURE

ET

L'IMPRESSION DES TISSUS

HELLOT. — MACQUER. — BERTHOLLET.
CHAPTAL. — THÉNARD. — BEAUVISAGE. — VERGUIN.
KŒCHLIN. — PERSOZ. — GUIMET.

PARIS

SOCIÉTÉ D'IMPRIMERIE ET LIBRAIRIE ADMINISTRATIVES ET CLASSIQUES
Paul DUPONT, Éditeur
41, RUE JEAN-JACQUES-ROUSSEAU, 41
(Hôtel des Fermes)

LES

GRANDES INDUSTRIES

DE LA FRANCE.

Paris. — Société d'imprimerie Paul DUPONT 41, rue J.-J. Rousseau.

LES
GRANDES INDUSTRIES
DE LA FRANCE
PAR A. DROHOJOWSKA

LA TEINTURE
L'IMPRESSION DES TISSUS

HELLOT. — MACQUER. — BERTHOLLET.

CHAPTAL. — THÉNARD. — BEAUVISAGE. — VERGUIN.

KŒCHLIN. — PERSOZ. — GUIMET.

PARIS

SOCIÉTÉ D'IMPRIMERIE — PAUL DUPONT, ÉDITEUR

41, RUE JEAN-JACQUES-ROUSSEAU, 41

(Hôtel des Fermes)

INTRODUCTION

« Le mot *teindre*, pris dans son acception la plus simple, indique l'opération par laquelle une étoffe quelconque, blanche ou non, est plongée dans un liquide préparé et chargé d'une substance colorante qui la pénètre et s'y arrête.

« Ainsi le teinturier, en procédant aux opérations de son art, donne aux tissus une couleur quelconque, dans tous les tons qu'elle est susceptible de produire; connaissant les ingrédients qui concourent à la formation d'une couleur, il les associe à volonté ; son œil est là pour le guider et pour lui faire juger de l'opportunité de faire prédominer telle matière colorante ou telle autre pour réaliser le ton et la nuance qu'il cherche.

« A-t-il à appliquer au tissu une substance tinctoriale qui s'y fixe par elle-même, l'indigo, par exemple, il cherche les agents les plus convenables pour en opérer la dissolution sans nuire à l'étoffe; puis, le bain préparé, il y plonge le tissu à une, deux, trois, quatre ou cinq reprises, jusqu'à ce qu'il ait contracté la nuance cherchée.

« Si une seule immersion lui donne une nuance trop forte, il lui est loisible d'étendre le bain au degré voulu pour que deux ou trois immersions deviennent nécessaires, parce que les teintes sont toujours plus uniformes lorsque la couleur a été appliquée par couches successives, surtout quand il s'agit de tons extrêmes, très clairs ou très foncés.

« A-t-il à appliquer une couleur qui ne se fixe que par le concours d'un auxiliaire, ou il charge l'étoffe du mordant convenable, comme il le ferait d'une matière colorante, puis il la passe dans un bain de teinture; ou il la passe dans la couleur, puis dans le mordant; ou, enfin, il réunit dans le même bain tous les éléments qui concourent à la formation de la couleur qu'il veut obtenir, puis il y plonge et y fait séjourner l'étoffe durant le temps nécessaire.

« A-t-il des couleurs composées à réaliser, il interroge l'expérience et voit s'il convient ou non de développer successivement sur l'étoffe les couleurs élémentaires qui rentrent dans la nuance composée qu'il veut produire ou de les fixer simultanément (1). »

Telle est, dans son ensemble rudimentaire, la thèse de l'art qui doit nous occuper. Nos lecteurs verront quels développements, quels procédés ingénieux, quelles découvertes successives ont fait, de cet art autrefois si limité dans ses moyens et dans ces produits, une des branches les plus importantes de l'industrie moderne.

Persoz, *Traité de l'impression des tissus.*

HISTOIRE DE LA TEINTURE

I

Une science ne s'invente pas ; on la découvre,
on en condense les principes, on en classe les
théories, on en détermine le but et les moyens ;
mais ces principes, ces théories, ce but, ces moyens,
ont existé de tous temps ; si l'esprit humain ne les a
entrevus que tardivement, ils n'en sont pas moins
aussi anciens que la matière et le monde.

Voilà comment on peut expliquer cette sorte de
contradiction qui existe parmi les historiens de la
science.

Parmi ceux qui ont tracé l'histoire de la chimie,
par exemple, les uns affirment que cette science
remonte aux premiers âges, d'autres soutiennent
qu'elle compte à peine deux siècles d'existence.

Tous ont raison sans doute, mais seulement en
ce sens que les premiers entendent par science ces
lois immuables, éternelles, qui régissent la nature,
ces admirables phénomènes d'accroissement et de
destruction, d'éloignement et d'affinité, d'arrange-

ment et de décomposition, qui ne constituent la
science que lorsqu'on les a étudiés, classés et
appréciés; tandis que les autres ne parlent que des
efforts humains pour percer les mystères de la
nature et pour reconnaître à quelles lois elle a
soumis tout ce qui est; tous, enfin, s'entendraient,
s'ils séparaient ce qui appartient aux faibles travaux
des hommes, de ce qui constitue l'action immense
des lois de la nature.

Depuis que la nature existe, les molécules obéis-
sent aux règles de l'affinité, à l'action de la pesanteur, aux principes de la cristallisation; mais ces
règles, cette action, ces principes n'étaient pas
connus avant les travaux des Lavoisier, des Newton,
des Haüy; on peut dire que la chimie de la nature
est aussi ancienne que la nature elle-même mais que
la chimie comme science, ou la chimie des hommes,
n'a pas, en effet, plus d'un siècle et demi d'existence.

Une science ne se borne pas seulement à deviner
et à imiter les lois de la nature : elle cherche de
plus à faire de ces lois des applications utiles, et
c'est de là que naissent ou se perfectionnent les
arts.

Sans doute une foule de ces arts existaient par
une sorte d'instinct, bien longtemps avant que la
science, dont ils ne sont qu'une application
spéciale, eût pris rang parmi les connaissances
humaines; on fondait, on soudait, on forgeait les
métaux avant que la chimie existât; on faisait du
verre et des émaux, on teignait des étoffes, on
fabriquait des soieries avant de savoir la chimie.

Mais ces arts marchaient au hasard, avec incertitude, et par une sorte de succession routinière, jusqu'au moment où la science est venue les éclairer de son flambeau, jusqu'au moment où elle a remplacé, par des principes arrêtés et certains, une foule de pratiques empiriques et de procédés transmis par succession et jamais raisonnés.

La teinture est un art fondé en entier sur les lois de la chimie. C'est une application continuelle des principes de l'affinité moléculaire ; mais si, comme cela n'est que trop démontré, la chimie est d'origine récente, combien de temps cet art n'a-t-il pas dû marcher au hasard, sans autre guide que des essais faits à l'aventure, que des traditions toujours vagues et incertaines.

L'historien de la teinture n'a donc d'abord à raconter que quelques découvertes accidentelles, améliorées graduellement par l'usage, et ce n'est qu'en arrivant aux premiers temps de la chimie, qu'il peut entrer dans des détails précis, qu'il peut présenter quelques opérations raisonnées.

Lorsqu'on examine avec quelque attention le commencement et les principes de la plupart des arts, on est, à chaque instant, frappé de cette puissance du hasard qui révèle souvent à des esprits peu éclairés une foule de découvertes que la science semblait seule destinée à pressentir. Plus d'une fois, on est porté à croire que des hommes profondément initiés aux mystères de la nature, ont pu seuls arriver à ces précieux résultats ; on croit apercevoir dans les procédés suivis, dans les opérations adoptées, une connaissance manifeste de ces lois générales dont l'ensemble constitue la science ; mais bientôt on reconnaît que tout était fortuit et qu'en s'approchant plus ou moins de la vérité, les artistes anciens ne l'ont ni aperçue ni pressentie.

Il faut donc ne prendre qu'avec circonspection plusieurs axiomes que l'usage a consacrés et qu'on répète trop souvent sans réflexion. Ainsi on dit, avec raison sans doute, que les arts sont l'application des grands principes dont la connaissance forme les sciences ; mais si on donnait à cette définition un sens trop étendu, trop général, on en devrait, on en pourrait conclure que les sciences ont toujours précédé les arts, et pourtant on serait alors, à chaque instant démenti par les faits.

Tous ou presque tous les arts (1) ont, au contraire, précédé de beaucoup les sciences. On se servait du cours des astres pour diriger la navigation avant que Newton eût révélé les lois de la gravitation et qu'il existât une astronomie ; on employait les leviers, les poulies, avant qu'il y eût une science qu'on nomme la physique ; on composait, on décomposait certains corps avant de savoir la chimie. L'origine de la plupart de ces pratiques se perd dans la nuit des temps, tandis que toutes les sciences sont si récentes, qu'on peut déterminer avec exactitude l'instant où elles ont pris nais-

(1) Ceci est vrai des arts anciens, c'est-à-dire postérieurs au XIXe siècle, mais depuis les découvertes inattendues et brillantes faites à notre époque par la science, plusieurs arts utiles et importants ont pris naissance qui n'auraient pas même pu être prévus auparavant.

sance. Ce sont même ces pratiques étudiées avec soin, qui ont révélé quelques-unes des lois immortelles de la nature et qui ont mis sur la voie de quelques autres ; la théorie est venue alors occuper les hommes réfléchis et les sciences se sont constituées.

Les arts ont donc réellement donné naissance à ce que nous nommons les sciences ; celles-ci, à leur tour, éclairent et agrandissent le domaine des arts et, de cette réciprocité, sont nés ces avantages innombrables que nous possédons et que les peuples anciens ont tous plus ou moins ignorés.

II

L'origine de l'art de colorer les étoffes se perd dans la nuit des temps; les auteurs les plus anciens, Moïse, Hérodote, Homère en font mention.

Ces auteurs nomment différentes couleurs, mais comme ils n'entrent pas dans le détail de la manière dont on appliquait ces couleurs et des lieux où se pratiquait cette industrie, on pourrait croire qu'ils font allusion seulement à des couleurs naturelles appliquées à certaines parties du vêtement qu'ils décrivent, si, à l'occasion de la pourpre dont ils sont unanimes à vanter l'éclat, ils ne prenaient soin de nous apprendre qu'elle se fabriquait à Tyr, où la découverte en avait été faite à une époque qui remonte à plus de deux mille ans avant l'ère chrétienne.

Cette découverte, comme la plupart de celles qui ont quelque importance et qui datent des temps anciens, donna naissance à une foule de fables. Sur toutes celles qu'on trouve dans les auteurs de l'antiquité, la moins absurde est la suivante :

Sous le règne de Phœnix, frère de Cadmus, un berger avait conduit ses troupeaux sur les bords de la mer ; un de ses chiens, excité par la faim, brisa plusieurs coquillages et revint quelques instants après, portant autour de la gueule une couleur rouge que son maître ne put s'empêcher d'admirer.

Le berger, après quelques recherches, trouva le coquillage qui avait produit ce merveilleux effet, l'essaya sur la laine d'un de ses moutons et découvrit ainsi la plus belle, la plus chère, la plus precieuse des couleurs, jusqu'au moment du moins où on fit la découverte de la cochenille.

Une petite circonstance qui détruit le charme de cette légende, c'est que quelques auteurs se sont aperçus depuis que, dans la langue syriaque, le même mot signifie à la fois *chien* et *teinturier*. Il résulte de là qu'il est probable que ce fut un individu qui s'occupait de teindre les étoffes qui fut l'inventeur de la pourpre. C'est moins merveilleux, mais c'est plus rationnel que l'histoire du berger. Nous doutons cependant que cette explication soit préférée.

Il est bien plus piquant, en effet, de devoir cette découverte à un chien, et surtout de supposer une teinture qui sans préparation s'attache à la gueule d'un animal et y adhère assez fortement et assez longtemps pour qu'un berger puisse s'en apercevoir, que d'admettre la prosaïque variante que nous venons d'indiquer. Du reste, ne crions pas trop contre les fables ; sans elles que saurions-nous de l'antiquité?

Il est assez difficile de savoir quels procédés on a employé dans le principe pour teindre les étoffes de pourpre. Au rapport des auteurs les plus anciens, plusieurs genres de coquillages pouvaient fournir cette couleur. Les plus estimés étaient ceux qu'on recueillait non loin de la nouvelle Tyr. Les côtes de l'Afrique étaient renommées pour la pourpre de Gétulie ; celles d'Europe pour la pourpre de Laconie ; d'autres points de la Méditerranée fournissaient aussi les mêmes coquillages. Le mollusque contenu dans la coquille avait, selon ces auteurs, une veine blanche placée auprès de la gorge et renfermant une liqueur d'un rose foncé, c'était la pourpre ; tout le reste de l'animal était inutile. Il importait seulement de le prendre vivant, parce que, aussitôt qu'il mourait, cette précieuse liqueur disparaissait.

La liqueur rose recueillie avec précaution, macérée pendant trois jours avec du sel, était ensuite portée dans des chaudières de plomb où on la faisait cuire, à un feu lent et modéré, pendant dix jours. Ce n'est qu'après ce temps qu'on y jetait la laine bien blanche et convenablement *préparée*.

Préparée avec quoi ? C'est ce que les auteurs ne disent pas. Il paraît seulement qu'on ajoutait au bain colorant quelques autres substances telles que le nitre, l'eau, le fucus récolté sur les rochers de l'île de Crète, etc. Il paraît aussi que la laine était teinte en deux fois et cardée avec soin entre les deux opérations.

On conçoit à quel prix énorme devait revenir une semblable teinture. Chaque mollusque ne fournissait que quelques gouttes de liqueur colorante ; il fallait les pêcher au fond de la mer et quelquefois même, comme le faisaient les Tyriens jusqu'à une grande distance des côtes; il fallait enfin recueillir la liqueur avant la mort du poisson ; il n'est donc pas étonnant que la pourpre se vendît au poids de l'or (1).

(1) D'après les vagues descriptions que nous ont laissées les anciens du coquillage dont l'animal fournit la pourpre, on peut croire que c'est un buccin ou un murex, une pourpre ou une janthine; ce qui est positif, c'est que tous les animaux de ce genre donnent une couleur pourpre employée, encore à l'heure qu'il est, dans les Indes orientales pour teindre le coton; en Islande, en Suède, et sur les côtes occidentales de France pour marquer le linge.

« Cette couleur se présente sous forme de liquide jaune verdâtre, contenu dans une vésicule placée derrière la tête de l'animal, au-dessous de la coquille, qui n'est (celle des Indes du moins) tout entière, guère plus grande qu'un pois. La matière colorante est un fluide épais et si visqueux qu'il ressemble à une gelée; on peut l'enlever avec un pinceau à poils un peu roides.

« Que peut être ce liquide renfermé dans une poche ouverte à l'extérieur, sinon l'urine du mollusque, urine toujours chargée chez ces animaux d'acide urique ou de quelqu'un de ses dérivés oxydés.

« La couleur pourpre ne se fixe sur les tissus qu'autant qu'elle a pris naissance sur leur surface ; les excréments des baleines, l'urine d'un murex qu'on trouve dans les grands lacs de l'Amérique du Nord, teignent le linge en superbe pourpre qui s'en va au lavage, ce qui n'arrive jamais quand

Dès que cette couleur fut connue, elle devient l'attribut de la puissance, la marque distinctive des

cette couleur, aussi belle que solide, s'est lentement formée sur les tissus par le passage, sous l'influence de la lumière solaire, du liquide incolore du coquillage à l'état de matière colorante rouge violacé.

« C'est à Tyr qu'on fabriquait la plus belle pourpre dont on faisait trois qualités différentes, selon qu'on appliquait le suc des coquillages, une, deux ou trois fois de suite sur les étoffes. La pourpre de Tyr avait la teinte rouge du sang coagulé, celle de Constantinople était plus violacée.

« A Tyr, on préparait la laine en l'imprégnant, d'abord, du suc verdâtre d'un coquillage et qui semble en avoir été la bile ; puis on la teignait dans la liqueur colorante des buccins, abandonnée pendant trois jours à elle-même, après qu'elle avait été étendue d'eau de mer, avec laquelle on la faisait bouillir ensuite jusqu'à ce qu'elle fût assez concentrée pour donner à la laine la teinte voulue, teinte qui d'ailleurs n'acquérait toute sa beauté que sous l'influence des rayons directs du soleil.

« En 1663, William Cole, de Bristol, se fit une immense réputation parce qu'il découvrit le coquillage avec lequel un teinturier du voisinage avait fait fortune, en communiquant à telle étoffe que ce fût, une couleur pourpre aussi brillante que solide.

« Cole enlevait le liquide colorable et l'appliquait avec un pinceau. A la lumière diffuse, le fluide, jaunâtre d'abord, verdissait et rougissait ensuite, tandis que, sous l'influence des rayons solaires, la couleur pourpre se développait à l'instant même.

« Plus tard, Bernard de Jussieu répéta les expériences de Cole avec un murex de la Méditerranée; en 1710, Réaumur avait réussi avec un buccin qui se trouve en masses prodigieuses sur les côtes du Poitou; tous les deux obtinrent de la pourpre après avoir exposé au soleil le suc incolore de la vessie de ces mollusques. En 1737, Duhamel prépara la pourpre avec la coquille de ce nom qu'on trouve sur les côtes de la Provence, hautes dignités. Moïse la réservait uniquement pour l'ornement du tabernacle et pour le costume du

et il vit que la couleur ne passait au pourpre que sous l'influence des rayons solaires et non pas sous celle d'une chaleur artificielle. En 1803, enfin, Bancroft répéta et vérifia toutes les données précédentes, avec le *Buccinum lapillus*, dont chaque animal, gros comme le limaçon des jardins, donne deux gouttes de fluide colorateur ; il vit que la couleur obtenue résistait bien aux corps oxydants, même au chlore ; que le chlorure muriatique la virait au bleu et qu'elle se développait même dans le vide.

« Gonfreville nous apprend qu'aux Indes-Orientales, on fait provision de murex ; on en conserve longtemps dans de l'eau de mer et on ne teint que lorsqu'on en a assez.

« On emploie 4 ou 5,000 de ces coquilles pour teindre 1 kilogramme de laine, ce qui revient à 50 ou 60 francs. Pour teindre, on plonge les coquillages tout entiers dans de l'eau de mer avec laquelle on les laisse macérer pendant plusieurs jours dans des vases de plomb ; puis on applique sur les tissus ou bien on y plonge la laine en toison.

« Étant à la Martinique, en 1836, en rade de Saint-Pierre, M. de Saulcy prit, sur les roches couvertes par la lame, la pourpre bicostale. Dès que ces mollusques étaient dans sa main, ils suintaient un liquide épais, onctueux et opalin, ce qui les lui fit mettre dans les poches de son caleçon de bain, qui peu à peu se colora en pourpre magnifique, identique avec celle de la murexide.

« Cette belle couleur passa bientôt, sous l'influence de l'eau salée et d'une température élevée, au brun que rien ne put enlever.

« D'après M. de Saulcy, les anciens tiraient la pourpre de la *purpura hemastoma*, que Pline appelle *buccinum* et surtout du *murex brandaris* que Pline nomme *purpura* (*murexide*) et dont on a trouvé de grands amas de coquilles près des maisons de teinturiers qu'on a découvertes tant à Athènes qu'à Pompéï. »

Docteur SACE,
Bulletin de la Société industrielle de Mulhouse.

grand prêtre ; les rois, les empereurs défendirent à leurs sujets de porter des étoffes teintes en pourpre et, pendant bien des siècles, cette couleur ne fut employée que par les chefs des États, que par les hommes placés à la tête des nations.

Ce privilège dut naturellement nuire au progrès de cette industrie ; un teinturier, certain de se défaire de ses produits, de les vendre à un prix exorbitant et de faire promptement une brillante fortune, ne devait pas chercher à améliorer ses procédés et loin de les faire connaître, il en faisait un secret que trop souvent il emportait dans la tombe.

Voilà, à n'en pas douter, pourquoi cette teinture demeura si longtemps stationnaire et fut abandonnée aussitôt que d'autres principes colorants furent connus. A ce moment d'ailleurs, et quoi qu'en disent les poètes et les historiens, cette teinture avait peu de solidité et surtout peu d'éclat. Aussi se demande-t-on ce que dirait un de ces empereurs, si jaloux de son manteau de pourpre, si fier de porter une couleur interdite à tous ses sujets, si revenant au milieu de nous, il voyait ces étoffes rouges, amaranthe, ponceau, écarlate, dont se parent indifféremment les individus de toutes les conditions et dont la moins chère est plus brillante et plus solide que le manteau d'un empereur romain ou la robe d'un grand prêtre de l'antique Égypte.

Il ne faut donc pas croire que l'art de la teinture, bien que remontant, ainsi que nous venons de l'établir, à la plus haute antiquité, ait jamais atteint, dans ce passé, l'état de perfection que quelques auteurs se sont plu à lui accorder. Il suffit de se souvenir, pour être ramené à une juste appréciation de ces louanges, que, quatre cents ans avant notre ère, la plupart des Athéniens allaient encore nu-pieds ; que le peuple était vêtu d'un drap grossier qui n'avait reçu aucune teinture; que les gens riches pouvaient seuls porter des draps de couleur à cause de leurs prix élevés et qu'ils n'en connaissaient encore que de deux espèces: ceux qu'on avait teints en rouge avec des coquillages et ceux qui avaient été teints en écarlate par le Kermès.

A la même époque, et dans le même pays qui était le centre des arts et du luxe, on connaissait à peine les étoffes de lin et de coton et les femmes seules avaient le droit d'en porter. Les Athéniens ignoraient complètement aussi l'usage de la soie.

Comment, au surplus, les arts auraient-ils fait des progrès quand l'exercice en était regardé comme dégradant et abandonné aux hommes les moins éclairés ; quand les gens instruits croyaient s'avilir lorsqu'ils s'en occupaient et même seulement lorsqu'ils en parlaient.

Pline n'a-t-il pas dit, à propos du sujet qui nous occupe, qu'il négligeait d'en parler parce que ce n'était pas un art libéral !

Comment, en cet état de choses, espérer des progrès ! Comment surtout supposer des lumières ! Tout devait nécessairement marcher par routine et c'était la routine, en effet, qui dirigeait exclusivement les teinturiers et qui les dirigea jusqu'au moment où la chimie vint leur prêter le secours de ses lumières, c'est-à-dire jusqu'au commencement du dix-huitième siècle.

III

Si la teinture, chez les anciens, était loin de pouvoir rivaliser avec celle des peuples modernes, l'art du blanchissage n'était pas non plus, chez eux, très avancé.

Ils ne connaissaient pas le savon ; ils ignoraient la manière d'extraire et de préparer la potasse et la soude, et, le plus souvent, ils se bornaient à nettoyer leurs étoffes et leurs vêtements avec quelques terres marneuses ou avec quelques plantes alcalines.

Ce défaut de matières propres à donner aux étoffes un beau blanc devait nuire au blanchiment des matières premières ou des tissus qu'on destinait à la teinture. Comment alors aurait-on pu obtenir ces nuances vives et délicates dans lesquelles nos teinturiers ont acquis une si grande habileté, puisqu'il est aujourd'hui démontré que le succès d'une teinture dépend presque toujours des préparations données à la matière première et surtout des moyens que l'on a employés pour l'amener à un blanc parfait.

Quant à la teinture des toiles en plusieurs couleurs, les anciens en avaient quelques notions. Pratiquée dans l'Inde, dès la plus haute antiquité, cette industrie passa chez les Égyptiens, mais seulement sous forme de notions très élémentaires, qu'ils se transmirent par tradition, sans jamais chercher à les perfectionner.

Pline toutefois parle de cet art avec admiration ;

mais le sens même de sa description indique que ni les Grecs, ni surtout les Romains ne savaient teindre ainsi.

Voici la traduction de ce passage : « Dans le nombre des arts merveilleux que l'on pratique en Égypte nous devons placer celui qui consiste à teindre les toiles blanches, qui servent à faire des habits, non en les couvrant avec des couleurs, mais en y appliquant des mordants. Lorsqu'ils sont appliqués, ils ne paraissent point sur l'étoffe, mais cette étoffe étant plongée dans une chaudière de teinture bouillante en est retirée, un instant après, colorée.

« Ce qu'il y a d'étonnant, c'est que quoiqu'il n'y ait qu'une couleur, l'étoffe en reçoit différentes, selon la qualité du mordant et ces couleurs ne peuvent ensuite être emportées par le lavage. Ainsi une liqueur qui n'était propre qu'à confondre les couleurs si la toile avait été peinte avant d'être plongée, les fait naître toutes d'une seule ; elle se distribue, elle peint la toile, en la cuisant pour ainsi dire, et les couleurs de ces étoffes, teintes à chaud, sont plus solides que si elles étaient teintes à froid. »

D'autres manières de varier les couleurs des tissus étaient aussi connues des anciens. Parmi ces procédés, nous citerons la broderie en couleur, inventée par les Phrygiens, et le tissage des étoffes avec des fils de diverses couleurs ou de diverses nuances que Martial prétend avoir été imaginée par les Babyloniens, ce qui en ferait remonter l'usage jusqu'aux origines des sociétés.

Quoiqu'il en soit, et quelle qu'ait pu être l'augmentation dans le nombre des couleurs employées et le perfectionnement dans les procédés obtenus par les Romains et dont parle Pline, l'art de la teinture loin de progresser demeura au moins stationnaire pendant les longs déchirements qui amenèrent enfin la ruine du Bas-Empire.

Un luxe énorme régnait, il est vrai, dans la capitale, mais les peuples étaient écrasés d'impôts, tourmentés par des invasions de barbares, ruinés par d'horribles exactions et l'on sait trop bien que la richesse de quelques-uns ne suffit pas pour faire fleurir les arts, que le commerce et l'industrie ne peuvent naître que lorsque les masses sont heureuses, que lorsque chacun jouit en paix d'un peu d'aisance et vit en liberté (1).

L'époque des Croisades fut, en Europe, le signal du relèvement de toutes les industries qui trouvèrent en Orient des modèles et des leçons. De ces brillantes expéditions jaillirent les premières lumières qui devaient servir de point de départ à la civilisation contemporaine (1).

En ce qui concerne le sujet que nous traitons, nous devons mentionner, parmi les conquêtes paci-

(1) Il paraît certain que dès l'année 550, sous le règne de Justin II, les vers à soie avaient été introduits à Constantinople où cette nouvelle matière si rare et si précieuse avait été adoptée avec un empressement qui avait assez rapidement développé l'industrie de la soie. Mais les guerres, la barbarie, les malheurs de tous genres qui, sur ces entrefaites, accablèrent l'empire d'Orient, firent disparaître promptement les traces d'un art tout nouveau et ne lui permirent plus de se répandre en Europe. C'est donc avec raison que l'on considère l'époque des Croisades comme celle de l'origine réelle de l'in-

fiques faites en Syrie par les Croisés, les suivantes :

Les principales villes de Syrie avaient des manufactures de soie. Plusieurs métiers furent transportés en Italie ou l'on parvint facilement à acclimater le ver à soie et où, en 1130, une manufacture fut fondée (à Palerme.)

Ce fut aussi en Syrie que les chrétiens virent pour la première fois une fabrique d'alun. Cette fabrique existait depuis longtemps dans la ville de Roche, d'où le nom d'*alun de Roche* que, par une confusion de mots, on donne aux cristaux d'alun. Ce ne fut cependant que vers le XVe siècle que l'usage de ce sel commença à se répandre en Europe.

Vers l'an 1300, le hasard fit découvrir l'*orseille*. Un négociant de Florence, s'étant aperçu que l'urine donnait une belle couleur à une certaine espèce de mousse, il fit des essais, des expériences et parvint à trouver le secret de la préparation de l'orseille, secret qui se conserva pendant plusieurs siècles dans sa famille.

La découverte du Nouveau-Monde vint transformer, en quelque sorte, l'art de la teinture par l'introduction presque simultanée en Europe du bois de Brésil, du bois de Campêche, du rocou et de la cochenille.

troduction en Europe de la soie ainsi que des moyens de la préparer et de la teindre alors en usage en Orient.

Cette observation s'applique à diverses autres connaissances scientifiques ou industrielles, les unes inconnues jusque-là en Occident, les autres qui y avaient été pratiquées et ensuite oubliées.

Les Mexicains faisaient usage de cette dernière substance pour peindre leurs maisons et colorer leurs vêtements. Quelques Espagnols adressèrent à leur gouvernement un mémoire sur la beauté de cette couleur et sur les avantages que l'art et le commerce pourraient en tirer.

Cortez reçut, en 1523, l'ordre de faire multiplier l'insecte précieux qui la produit et bientôt ce principe colorant fut répandu dans toute l'Europe.

Toutefois, la couleur produite par la cochenille seule est sombre et ne ressemble que fort peu à l'éclatant écarlate, obtenu dans la suite par l'emploi de la même substance. Voici comment se produisit ce progrès ou plutôt cette transformation :

Vers l'an 1630, un Flamand, Corneil-Drebbel, ayant accidentellement mêlé un peu de cette substance à une dissolution d'étain, remarqua que ce mélange produisait une couleur éclatante.

Il communiqua cette observation à son gendre qui était teinturier à Leyde et qui, au moyen de quelques améliorations au procédé de son beau-père, parvint à faire un très beau rouge.

Le même procédé fut, douze ans plus tard, découvert par Kepfler, chimiste allemand, qui porta son secret en Angleterre, d'où il passa en Flandre et dans le reste de l'Europe.

Quant à l'indigo, il est probable que les Indiens en faisaient usage dont leur teinture : une des preuves invoquées à l'appui de cette opinion est le fait incontesté que le premier indigo, apporté en Europe, venait des Indes-Orientales.

On le cultiva ensuite, et plus en grand, au Mexique et dans toute l'Amérique, où il réussit mieux qu'aux Indes.

Ajoutons toutefois que quelque précieuse qu'elle soit devenue plus tard pour la teinture, cette substance eut bien des obstacles et des préjugés à vaincre avant d'être adoptée en Europe, où on s'imaginait que son introduction nuirait à diverses cultures indigènes de plantes tinctoriales, notamment au pastel et au vouède.

IV

Cette prohibition se continua assez avant dans le règne de Louis XIV, ou plutôt dans l'administration de Colbert, pour nous amener en présence du plus important événement qui, jusque-là, se fût produit dans l'art, encore hésitant et incertain, de la teinturerie ; nous voulons parler de la fondation de l'établissement des Gobelins, établissement créé et patroné par Colbert.

Les frères Gobelins étaient justement célèbres dans l'art qui nous occupe. Colbert leur acheta le terrain qui a conservé leur nom ; après y avoir fait élever les ateliers et les bâtiments nécessaires, il fit venir de Flandre des artistes et un nombre considérable d'ouvriers.

Les premiers travaux eurent lieu en 1663, mais ce ne fut qu'en 1666 que cette manufacture fut complètement organisée. Bientôt après, sous la direction du célèbre Lebrun, elle devait prendre un essor qui réaliserait et surpasserait même toutes les espérances qu'elles avait fait concevoir aux amis des arts et de l'industrie.

Si on ne considère que les produits matériels de la manufacture des Gobelins, il est certain que, comme celle de Sèvres, elle doit être onéreuse à l'État ; mais un gouvernement doit voir plus haut : il est contre son essence de devenir spéculateur et les dépenses qu'il sait faire à propos rentrent bientôt, au centuple, par les canaux que ces dépenses mêmes ouvrent au commerce et à l'industrie.

Sous ce point de vue, la manufacture des Gobelins a été une mine de découvertes nouvelles pour la teinture. Ces découvertes ont sans doute été pour la plupart secrètes dans l'origine, mais peu à peu elles se sont répandues et sont entrées dans le domaine public, grâce surtout aux travaux des Fourcroy, des Berthollet, des Vitalis.

Pendant longtemps il a été généralement admis que la beauté et l'éclat des couleurs obtenues aux Gobelins dépendaient de la nature des eaux de la petite rivière de Bièvre qui traverse cet établissement.

Nous sommes loin de partager cette opinon, qui est d'ailleurs démentie par les produits d'autres manufactures, qui ont souvent atteint la même perfection.

On ne peut cependant nier que, dans quelques teintures, par exemple, celle du rouge d'Andrinople, il existe plusieurs opérations dont les résultats plus avantageux aux Gobelins qu'ailleurs sont positifs, mais dont les causes n'ont pu être expliquées jusqu'à présent. Il est donc, dans les choses possibles, que les eaux de la Bièvre contiennent des corps étrangers favorables, soit à l'apprêt des matières, soit à la combinaison des principes colorants...

Quoi qu'il en soit, cette cause ne peut être que secondaire, et, la première, la plus positive de toutes, ne doit pas être cherchée ailleurs que dans l'habileté des ouvriers, et, surtout, dans les talents des hommes distingués qui ont dirigé, qui dirigent encore ce magnifique établissement, et l'ont conduit au plus haut degré de gloire et de prospérité.

Jusque-là, il avait existé des arts chimiques, mais la chimie n'avait point encore pris rang parmi les sciences. Des hommes instruits avaient étudié les propriétés intimes de certains corps, mais nul n'avait encore songé à rapporter l'ensemble de ces notions à une série de faits généraux, à une théorie arrêtée. Tous marchaient au hasard et celui qui recherchait avec soin les propriétés des métaux ne croyait pas qu'il existât la moindre connexité entre lui et ceux qui s'occupaient d'analyser les teintures ou les substances alimentaires.

Plus d'une découverte importante avait été faite sans doute, mais presque toutes étaient dues à la recherche insensée de la pierre philosophale et de l'élixir de vie...

C'est donc de l'époque sur laquelle nous venons d'arrêter un instant l'attention du lecteur, de cette grande époque toute imprégnée du génie d'organition de Colbert, que peut réellement dater, non seulement la science de la chimie, mais le progrès raisonné, permanent, des arts industriels en France, et notamment de la coloration des étoffes.

Les ouvrages de Barner, de Bohnius, la fondation des sociétés savantes, et, dans le dix-huitième siècle, les travaux de Duclos, de Leibnitz, de Newton, de Hellot, de Duhamel, etc., commencèrent l'œuvre d'une théorie qui fut fixée pour un demi-siècle par l'illustre Stahl et son émule Boërhave.

Les découvertes marchèrent à pas de géant. Les métaux furent mieux connus, les gaz furent distingués; l'analyse animale et l'analyse végétale apportèrent leurs contingent à cette heureuse succession de perfectionnements introduits dans les arts, tels que la teinture, la savonnerie, etc.

Chaque jour était marqué par quelque découverte importante. La science s'enrichissait de faits innombrables; mais la théorie était à peu près nulle, ou plutôt chaque savant avait la sienne.

On commençait cependant, de toutes parts, à apprécier les vices de celle fondée par Stahl, qui reposait uniquement sur le fer combiné et qui négligeait les fluides élastiques regardés vaguement comme de l'air, tandis que c'étaient précisément ces fluides ou gaz qui formaient pour ainsi dire l'unique objet des travaux et des recherches de Bergman, Guyton, Priestley, Berthollet, etc.

Une révolution complète ne demandait pour éclater qu'un esprit assez sérieux pour la diriger. Lavoisier parut et son génie créa la doctrine pneumatique.

V

On s'était jusqu'alors borné à recueillir des faits ; on s'occupa à les classer ; on les coordonna, on en déduisit des conséquences rigoureuses ; une théorie raisonnée que chaque nouvelle découverte vint confirmer, s'établit, fut adoptée par les savants de tous les pays et, guidée par elle, la science fit, en quelques années, plus de progrès qu'elle n'en avait faits depuis quarante siècles !

Cependant il était impossible que lorsque chacun marchait ainsi au hasard, et sans qu'aucun lien unît les hommes adonnés à une même étude, une grande confusion ne régnât pas dans le langage de cette science.

Chaque produit découvert recevait un nom qui quelquefois rappelait son inventeur, qui d'autres fois indiquait une de ses propriétés, mais qui jamais ne faisait connaître la nature de ses principes constituants.

Souvent le même corps portait deux, trois, quatre ou même un plus grand nombre de noms différents.

Pour obvier à cet inconvénient fâcheux, il fallait créer une nouvelle langue. Lavoisier entreprit cette tâche hardie ; ses élèves et successeurs l'ont continuée, et, ainsi est née et s'est développée cette langue chimique si simple, si claire, si précise, que les savants de toutes les parties du monde civilisé nous l'ont empruntée et dont le principe fondamental est que chaque mot indique la combinaison du corps composé qu'il désigne.

Quant aux corps simples on leur conserva les noms qu'ils portaient déjà et que l'usage avait consacrés. Le fer, le soufre, le bore, etc., ne changèrent point de dénomination.

La terminaison *ique* servit à désigner les acides. Ainsi les mots *sulfurique*, *nitrique*, *borique* indiquèrent les acides du soufre, du nitre, du bore.

Comme le même corps pouvait donner naissance à plusieurs acides, la terminaison *eux* servit à indiquer ceux qui contenaient une moins grande quantité d'oxygène. Les acides *nitreux*, *sulfureux* sont donc les acides, les moins oxygénés, du nitre et du soufre.

Enfin, comme on s'aperçut plus tard que l'oxygène n'avait pas seul la propriété d'acidifier les corps et que l'hydrogène pouvait aussi donner naissance à des acides, ceux-ci conservèrent bien leur terminaison en *ique*, mais furent précédés du mot *hydro*. Ainsi les acides *hydro-chlorique*, *hydro-iodique* sont des acides qui résultent de la combinaison de l'iode ou du chlore avec l'hydrogène.

On donna le nom d'*oxydes* aux bases salifiables ou aux substances métalliques combinées avec l'oxygène; mais, comme cette combinaison peut avoir lieu dans des proportions différentes avec le même corps, on distingua par les épithètes *proto*, *deuto*, *trito*, les différents degrés d'oxydation.

Le *protoxyde* de zinc, le *deutoxyde* d'étain, le *tritoxyde* de fer indiquent donc que le zinc est au mier, l'étain au second, le fer au troisième degré d'oxydation.

Le mot *peroxyde* fut en même temps adopté pour désigner le plus grand degré d'oxydation possible d'un métal.

La terminaison *ate* servit à désigner la combinaison d'un acide en *ique* avec un oxyde métallique ou une base salifiable quelconque, tandis que la terminaison en *ite* fut réservée pour indiquer la même combinaison avec un acide en *eux*.

Le sulfate de fer est donc la combinaison de l'acide sulfurique avec le fer oxydé, le *sulfite* de fer la combinaison de l'acide sulfureux avec le même oxyde.

Enfin, pour indiquer en même temps à quel degré d'oxydation était porté le métal, on plaça devant les noms génériques les épithètes *proto*, *deuto*, *trito*; ainsi *proto-sulfate* d'étain, *trito-sulfate* de fer, indiquent que, dans le premier cas, le zinc est au premier degré d'oxydation, tandis que, dans l'autre, l'oxydation du fer a été portée au troisième degré.

Lorsque deux corps simples se combinent entre eux, ou que l'un des deux, ou tous les deux, sont des corps non métalliques, leur combinaison est désignée par la terminaison en *ure*. Le *sulfure de plomb*, le *carbure de fer*, le *phosphure de soufre*, résultent donc de la combinaison du soufre avec le plomb, du carbone avec le fer, du phosphore avec le soufre.

Enfin, on désigne les composés gazeux et qui restent en cet état par la terminaison en *é*; l'hydrogène *phosphoré*, l'hydrogène *arséniqué* sont les combinaisons gazeuses de l'hydrogène avec le phosphore et avec l'arsenic..... Mais il est temps de couper court à ces détails pour revenir au sujet qui fait le fond même de notre travail.

Ainsi que nous avons eu occasion de le dire, pendant un grand nombre de siècles, un préjugé funeste régna parmi les savants. Ils étaient convaincus que la teinture, ainsi que tous les autres arts industriels, ne méritaient ni l'attention, ni les recherches du petit nombre d'hommes qui s'élevaient au-dessus de l'ignorance générale.

Plus tard, et alors même que commençaient à se multiplier les expériences de la chimie, enfin débarrassée de ses langes, les hommes qui s'occupaient de cette science la considéraient comme purement spéculative et si, parfois, il leur arriva d'en faire quelques applications, c'est qu'ils étaient guidés par le désir de découvrir la pierre philosophale, ou par l'espoir de composer quelques nouveaux médicaments.

Ce ne fut que vers le milieu du xviii° siècle que tomba ce funeste préjugé et que des hommes du plus grand mérite commencèrent à sentir que, si leurs connaissances profondes, leur vaste instruction leur donnaient un titre assuré à l'admiration du monde savant, l'application de cette même instruction en faveur des arts et de l'industrie pouvait seule leur assurer la reconnaissance de leurs contemporains et de la postérité (1).

(1) Extrait du *Dictionnaire de la teinture* par M. G.-T. Doin.

Doin (Guillaume-Tell) médecin, né à Paris, en 1794, mort

Nous n'ajouterons rien à cette étude qui remonte à 1828. Les immenses progrès faits depuis cette époque, — depuis une vingtaine d'années surtout, — dans l'art de la teinture se dérouleront en quelque sorte d'eux-mêmes dans le récit de la vie et des travaux des principaux personnages qui ont consacré leur savoir, leurs observations, leurs études, à cette branche si importante de notre industrie nationale, tant au point de vue de la coloration des tissus ordinaires que de celle de ces brillantes étoffes de soie, de ces rubans aux merveilleux dessins qui font de Lyon et de Saint-Étienne le centre d'une fabrication incomparable.

Quelques explications nous semblent cependant nécessaires sur les opérations qui précèdent et qui suivent la teinture proprement dite, c'est-à-dire l'application de la couleur sur les étoffes.

aux Andelys, en 1845, s'est distingué par ses recherches et ses écrits sur les arts industriels ; on a de lui, sous ce simple titre : *Quelques généralités sur les eaux minérales*, un excellent traité qui eut un grand succès, lors de sa publication en 1825.

DE LA PRÉPARATION DES TISSUS

AVANT LA TEINTURE ET DE LEURS DERNIERS APPRÊTS.

La teinture, qui peut être définie « l'art d'opérer uniformément l'union des matières colorantes avec les fils ou les tissus », ne consiste pas, tant s'en faut dans la seule opération à laquelle appartient en propre son nom.

Avant de teindre, c'est-à-dire de plonger le tissu dans la matière colorante ou de l'en imprégner par la vapeur, l'étoffe doit préalablement subir une série de travaux préparatoires. Au sortir du bain colorant, elle réclamera de nouveaux soins.

On désigne les premiers sous le nom de *préparation* et les derniers sous celui d'*apprêts*.

I

Préparation.

Lorsque les étoffes quittent le métier du tisserand, elles ne sont pas plus en état de recevoir immédiatement la coloration qui leur est destinée qu'elles ne seront plus tard, en sortant de la cuve du teinturier, en état de servir à la confection de nos vêtements.

De même qu'alors elles auront besoin de passer par l'ensemble d'opérations désignées sous le nom d'*apprêts*, de même elles réclament diverses préparations avant d'être soumises, à ce qu'on peut, à proprement parler, appeler la teinture.

En quittant le métier, la plupart des tissus ont encore la couleur naturelle des fils employés à leur fabrication; nous en excepterons, cependant, quelques étoffes, qui sont fabriquées avec des fils teints avant le tissage; tels sont les draps, dont la laine est teinte avant l'opération de la filature, excepté les noirs et les rouges; les étoffes désignées sous le nom de *mélangés* où l'entrecroisement des fils de diverses couleurs produit des effets plus ou moins variés; les soieries de Lyon, la bonneterie, etc.

« Pour colorer les étoffes d'une manière durable, il y a deux méthodes principales, qui font l'objet de deux industries distinctes, celle du teinturier et celle de l'imprimeur sur étoffes.

« Le teinturier colore les tissus, non seulement sur les deux faces, mais dans toute leur masse : une étoffe bien teinte doit être colorée jusqu'au centre de tous ses fils. L'imprimeur, au contraire, ne colore que sur une des faces du tissu et y dispose les matières colorantes de manière à y former des dessins.

« La teinture, consistant dans la combinaison des étoffes avec les matières colorantes qui doivent former avec elles des composés *insolubles* et colorés, il est nécessaire de prédisposer le tissu à cette combinaison, de le débarrasser de toutes les substances qui pourraient diminuer son affinité pour les produits tinctoriaux, de les rendre parfaitement homogènes, de sorte que toutes ses parties aient la même affinité entre elles et les fixent en égale proportion.

« Or, les tissus, en sortant de l'atelier de tissage, sont loin d'être dans ces conditions : leurs fils renferment des substances, dont les unes existent naturellement dans les fibres textiles, tandis que les autres ont été introduites à la filature ou au tissage.

« Tels sont les corps gras qui empêcheraient les matières colorantes de se combiner à l'étoffe puisqu'ils recouvrent chacun des fils comme d'une gaine protectrice.

« Il faut donc soumettre les tissus à un traitement dont l'effet sera d'éliminer toutes les substances étrangères et nuisibles. On le désigne sous le nom de *premiers apprêts* et il varie avec la nature du tissu. »

La première opération que subissent, en arrivant chez le teinturier, la plupart des tissus de laine et de coton, et en particulier le mérinos et autres étoffes similaires, est le grillage destiné à détruire, par la combustion, les petits filaments qui se dressent à la surface de l'étoffe et qui, bien qu'imperceptibles au premier aspect, sont suffisants pour modifier sensiblement l'apparence rase et lisse que l'on demande aux mérinos.

2.

« Ce grillage s'opère, soit en faisant passer rapidement l'étoffe sur une ligne de petits becs de gaz, ou bien par l'ancienne méthode dans laquelle, au lieu d'une ligne de gaz, on se sert d'une plaque arrondie en fonte, maintenue au rouge par un foyer sous-jacent.

« La première fois que l'on assiste à cette opération, on ne peut se défendre d'un sentiment de commisération pour l'étoffe que l'on se figure instantanément brûlée ou tout au moins roussie. Il n'en est rien cependant, les petites villosités, seules à peine légèrement calcinées, tombent en poudre jaunâtre ; le mouvement n'est cependant pas très accéléré, mais il est constant.

« L'étoffe, après avoir été grillée, doit être, en termes de fabrique, *fixée.*

« Ce *fixage*, appelé aussi *décreusage, ébruissage, décatissage*, est une opération d'une très grande importance. Voici quel est son but et par quel procédé industriel on y parvient.

« Les filaments de la laine ont une élasticité particulière, par suite de laquelle, selon les conditions extérieures qui agissent sur eux, ils tendent, tantôt à se rapprocher par une espèce de torsion en spirale, tantôt à se séparer par une distorsion opposée. C'est à cette propriété d'élasticité de la laine que l'on doit la facilité d'en former des fils, et, par suite, des tissus.

« Cette propriété n'est ni altérée, ni détruite par la réunion de plusieurs filaments en fil, et elle subsiste encore après la conversion des fils en tissus. Mais alors elle place les tissus dans un état de susceptibilité impressionnable aux moindres atteintes extérieures, de manière que certaines parties du tissu présentent des points plus feutrés à côté de points plus lâches, plus ouverts.

« C'est, en termes du métier, ce qu'on appelle le *grippé*.

« Cet équilibre instable des filaments laineux ne produit pas seulement sur le tissu le grippé, mais encore, en affectant plus particulièrement sa surface, il lui donne un grain ou plus hérissé ou plus soyeux.

« Le fixage a pour but de stabiliser cette propriété élastique et de régler la situation relative de chaque filament dans le fil et dans le tissu lui-même.

« Il existe un grand nombre de faits analogues dans les autres industries; ainsi le recuit des métaux écrouis ou trempés, le recuit du verre sont l'équivalent, pour établir l'équilibre des molécules du verre et de l'acier, du fixage en teinture.

« Ce fixage s'exécute d'ordinaire en trois temps : 1° un enroulage à sec sur de gros cylindres de bois, que l'on appelle roules; 2° la mise de ces roules dans une caisse en bois pleine d'eau dans laquelle on fait arriver un jet de vapeur; 3° le passage successif de l'étoffe dans trois compartiments d'une cuve en bois; dans le premier de ces compartiments, la colle, dont la chaîne était imprégnée fortement pour favoriser le tissage, se fond et s'en va en partie dans l'eau; dans le second, la presque totalité de la colle reste dans le bain, de telle sorte que, dans la troisième, il en reste à peine quelques traces.

« L'étoffe est alors parfaitement décreusée, les brins des fils de laine se marient plus étroitement et plus régulièrement les uns aux autres et l'étoffe prend une apparence plus satisfaisante.

« Le tissu fixé est ensuite dégraissé dans un bain de carbone de soude et rincé à l'eau tiède; on examine ensuite la pièce pour s'assurer qu'il ne s'est produit, pendant le traitement précédent, aucune irrégularité et remédier, au besoin, aux accidents.

« Après revision et réparations, le tissu est mis en teinture. Le plus souvent, la pièce à teindre est écrue, mais il se fait aussi plusieurs combinaisons de tissage polychrome avant teinture; ainsi des étoffes qui doivent être ponceau et noir, se tissent d'abord en fils blancs et indigo, un passage dans un bain ponceau teint le blanc en ponceau et le bleu en noir. D'autres combinaisons blanc et noir, en sortant du tissage, deviennent bleu et noir, brun et noir, violet et noir, après teinture en pièces. ,

« Ce procédé n'est guère plus économique que le tissage avec des fils teints en couleur, mais il offre deux avantages; le premier, c'est de pouvoir employer des nuances qui, si elles étaient tissées en fils, pourraient s'altérer pendant le foulage. Le second avantage résulte de la difficulté qu'il y a à teindre ces fils en une très forte partie, d'une façon certaine, c'est-à-dire de manière à être assuré que la teinte sera identique pour toutes les échées.

« La plus petite différence dans le rassortiment, causant dans l'étoffe des barres et des défauts, rendrait la pièce non recevable. Il est bien plus facile, une fois l'étoffe tissée, de la passer sur le moulinet dans la cuve, assez régulièrement pour la teindre uniformément.

« ..... Les mérinos noirs n'ont jamais l'aspect mat des étoffes drapées, ils ont toujours un reflet gris-blanc, dû à la perfection même de l'étoffe rase et lustrée qui réfléchit légèrement la lumière, tandis que les villosités des étoffes drapées leur donnent, en quelque sorte, la matité du velours. »

II

Les Apprêts.

Pour bien comprendre les difficultés avec lesquelles se trouve aux prises le chef d'un atelier de teinture, il faut penser qu'il doit, ainsi que le fait si bien observer M. Turgan, non seulement être un chimiste habile pour connaître et doser les différentes drogues *plus ou moins bon teint* (1) qu'il a à employer, mais encore avoir acquis, par l'expérience, la connaissance exacte de la réaction de ces dro-

(1) « Ce qui constitue le grand teint ou bon teint et le faux teint, ce n'est pas, comme on le croit généralement, le *procédé* employé pour appliquer la couleur, c'est la nature même de la matière colorante.

« En général, les couleurs minérales sont plus solides que les couleurs végétales.

« Il y a trois manières de fixer les couleurs sur un tissu : la teinture, la vapeur, la simple application. »

es les unes sur les autres, ou sur les différents mordants. Il doit aussi connaître parfaitement l'affinité des couleurs pour les divers tissus, leur différentes aptitudes à se mêler aux *matières épaississantes* qui doivent les accompagner et dont l'emploi constitue une des principales opérations finales nommées apprêts et qui vont faire l'objet de ce paragraphe.

Ainsi que nous l'avons déjà dit :

« Dans chaque industrie il existe une série d'opérations finales constituant les *apprêts*.

« Le type de cette nature d'opérations est le repassage du linge qui s'effectue, comme chacun sait, avec un fer chauffé. L'effet de la chaleur de la surface plate du fer à repasser, combiné avec la pression qu'exerce la main, écrase et polit la surface du linge, en fait disparaître tous les plis et lui donne du brillant.

« Il faut, pour que le résultat obtenu soit tout à fait satisfaisant, que le linge soit un peu humide ; la petite quantité de vapeur qui se forme entre les fibres agit puissamment pour les disposer individuellement à obéir à la pression de la surface polie du fer.

« Pour augmenter le poli de la surface, pour lustrer celle-ci, on emploie souvent des enduits gommeux ou gélatineux qui donnent des surfaces très brillantes.

« Jusqu'ici nous supposons qu'il s'agit de corps d'épaisseur uniforme en tous points, ce qui est le cas le plus général ; lorsque les épaisseurs sont variables en certains points, l'ouvrier sait proportionner la pression selon l'effet à produire et il semble que le travail ne saurait plus alors ressortir des machines dont l'emploi est nécessaire pour produire des apprêts rapidement et à bas prix.

« Il en était ainsi, en effet, jusqu'à ces derniers temps, jusqu'à ce qu'on ait eu l'idée d'employer le caoutchouc qui, pressé par l'eau ou la vapeur, peut, en se moulant sur des épaisseurs différentes, appliquer la surface à lustrer sur une surface métallique chauffée.

« Les moyens d'apprêter peuvent donc se résumer ainsi :

« 1° Une pression ; 2° une surface lisse ; 3° la chaleur ; 4° l'humidité ; 5° un enduit ; 6° le caoutchouc.

« 1° *La pression.* — Elle se donne entre des rouleaux, comme dans les calandres, lorsque l'effet peut être produit instantanément; lorsqu'au contraire, il faut que la pression dure un certain temps comme pour des poils qu'il s'agit de plier, c'est à l'aide de presses qu'on maintient les surfaces à apprêter entre des surfaces résistantes. Pour obtenir les pressions considérables nécessaires pour écraser la surface, coucher les fibres de manière qu'elles ne se redressent plus, c'est naturellement à la presse hydraulique qu'on a recours et elle est fréquemment employée à cet usage dans l'industrie. La pression immédiate d'un liquide, c'est-à-dire d'un corps qui transmet une pression égale en tous les points sur la pièce à apprêter, parait préférable à celle produite par l'intermédiaire de plaques, ou d'épaisseurs d'étoffes plus ou moins régulières.

« 2° *Une surface lisse.* — Cette surface est formée le plus souvent par des plaques métalliques, quelquefois par des cartons comme pour le satinage du papier. Des rondelles de papier fortement pressées à la presse hydraulique et maintenues par deux larges écrous en fer montés sur un axe résistant du même métal, fournissent sur le tour un cylindre très dur, très convenable pour certaines étoffes. Des cartons, des plaques de zinc, des plaques creuses de fer, des cylindres de papier, de fer, etc., telles sont les surfaces lisses qui servent pour des étoffes ; des formes fondues et polies en bronze, en zinc, en étain, peuvent servir de même pour les objets devant avoir des contours déterminés, pour certains objets façonnés par exemple.

« 3° *La chaleur.* — La chaleur doit être suffisante pour sécher les objets à apprêter, faire même contracter les fibres, mais sans pouvoir jamais atteindre la limite où elle tendrait à les roussir, à les altérer. Aussi, sauf dans quelques procédés anciens où l'on emploie des formes métalliques préalablement chauffées à feu nu, c'est à la vapeur comme source de chaleur qu'on a recours. Celle-ci en effet, employée à une pression, ou, ce qui est la même chose, à une température convenable, fournira rapidement le degré de chaleur voulu sans qu'il puisse être dépassé. Il suffira donc d'envoyer la vapeur, soit dans l'intérieur d'un cylindre lamineur comme celui d'une calandre, soit dans les plaques métalliques creuses entourées de l'étoffe, comme par exemple pour l'apprêt des draps ; soit enfin sur une face de toute forme métallique devant servir sur l'autre face à apprêter un corps appliqué contre elle pour obtenir un chauffage convenable que l'expérience apprendra bientôt à maintenir à un degré et pendant un temps voulu.

« 4° *L'humidité.* — Nous avons déjà dit comment la formation de vapeur en chaque point des fibres d'un corps, rendait en quelque sorte moléculaire l'action du repassage, de la pression qui produit l'apprêt et était, par suite, la cause de l'effacement complet des plis.

« Il est clair que l'humidité suffit ; qu'une trop grande quantité d'eau ne pourrait se trouver dans une étoffe à apprêter sans que l'action des surfaces chauffées fût contrariée par un refroidissement notable.

« 5° *Un enduit.* — Pour la plupart des tissus légers tels que les mousselines, les batistes, une simple pression à chaud ne suffirait pas ; elle ne donnerait pas une étoffe souple et brillante. On ne parvient à obtenir ce résultat qu'à l'aide d'un liquide collant et donnant, par la dessiccation, une matière brillante et souple. La fécule, l'amidon ou empois, la colle animale et surtout la colle de poisson, sont les substances les plus employées ; toutefois les matières animales donnant lieu à des piqûres, à cause de leur hygrométricité, ne peuvent être employées que dans des cas particuliers, quand les produits doivent être immédiatement consommés. On ajoute souvent aux corps qui viennent d'être indiqués, un peu d'alun, de savon blanc, de stéarine, etc., suivant des recettes qui varient beaucoup.

« L'étoffe imprégnée de la solution destinée à lui donner du brillant, doit être tendue sur un châssis pour sécher convenablement.

« On accélère la dessiccation en faisant passer sous l'étoffe un charriot contenant du combustible allumé. Ce système assez coûteux est employé pour les plus beaux produits et offre l'avantage d'empêcher l'étoffe de prendre du retrait; pour les produits à bon marché, on applique l'apprêt au foulard et on le sèche avec des cylindres chauffés intérieurement par de la vapeur.

« Dans la fabrication des chapeaux, par exemple, on emploie une solution de gomme laque dans l'alcool, une espèce de vernis résineux qui donne à la peluche de soie qui le recouvre un lustre très brillant et la rend en même temps imperméable à l'eau par l'effet de la résine.

« Cette imperméabilité est communiquée très simplement aux étoffes de laine en les trempant dans du sel d'alumine. Une autre propriété bien précieuse qu'un enduit minéral peut communiquer aux étoffes légères, comme les mousselines, est l'*incombustibilité* que produit très bien le phosphate double d'ammoniaque et de soude, et même le sulfate d'ammoniaque, sel fort peu coûteux. La fibre végétale, enveloppée d'un sel minéral qui n'est nullement apparent, ne peut plus donner de flammes par l'effet de la chaleur; elle distille et charbonne sans pouvoir par suite enflammer les parties voisines.

Ce procédé offre donc un précieux moyen d'éviter de funestes accidents.

« 6° *Le caoutchouc*. — L'emploi du caoutchouc, pour obtenir des apprêts, nous paraît intéressant comme fournissant un moyen absolument indispensable pour opérer mécaniquement et, par suite, économiquement sur des objets façonnés... Une poche de caoutchouc pleine d'eau, venant s'appliquer sur une forme métallique, donnera à l'objet qui y sera placé, les contours de cette forme en le repassant et en l'apprêtant, à la condition : 1° que la forme métallique soit chauffée à une température convenable, ce qui sera facile, en faisant circuler autour d'elle de la vapeur provenant d'un générateur à une pression, et, par suite, à une température voulue ; 2° que la pression soit considérable, ce qui exige, non seulement que l'on puisse soumettre à cette pression l'eau enfermée dans la poche de caoutchouc, mais que celle-ci transmette la pression. Or, ceci ne peut avoir lieu qu'autant que la poche de caoutchouc est renfermée dans une capacité inextensible, sur laquelle elle s'appuie par toute sa surface extérieure ; autrement la pression qu'elle pourrait transmettre serait minime, seulement celle qui répondrait à la résistance si faible du caoutchouc à l'extension.

« Le caoutchouc en s'appliquant sur une partie où l'épaisseur est double, où la paille d'un chapeau est cousue par exemple, au lieu de porter exclusivement sur les parties de double épaisseur et de les écraser avant d'atteindre les parties qui n'ont que l'épaisseur simple, comme le ferait un noyau rigide de forme semblable à la forme extérieure, se moule sur ces parties saillantes et les presse toutes uniformément quelles que soient les différences de leur épaisseur.

« L'action s'appliquant suivant la direction indiquée par la forme résistante, la pression s'exercera aussi bien dans un fond creux, qu'elle fera retourner et apprêter sur une forme saillante, effet curieux et de grande valeur industrielle. »

Si de ces détails sur l'apprêtage en général que nous avons cru devoir reproduire, parce qu'ils constituent, ce nous semble, une série de connaissances usuelles que nul ne doit ignorer, depuis l'ouvrière laborieuse ou la ménagère économe qui, pour s'intéresser à la fastidieuse et fatigante besogne de promener son fer à repasser sur le linge qui sortira transformé de ses mains, a besoin de savoir par quel procédé, par quel mécanisme, ce va-et-vient d'une surface métallique, polie et chauffée opère cette transformation, jusqu'à l'homme ou à la femme du monde, qui veut bien prendre la peine de se demander par quelles préparations multiples ont passé les étoffes dont ils admirent l'éclat; si de ces détails généraux nous arrivons, disons-nous, à l'apprêt spécial à la teinture, ou plutôt aux étoffes, le même savant auteur nous apprendra que :

« Les apprêts que l'on fait subir aux tissus blancs, imprimés ou teints, ont à la fois pour but d'ajouter du corps à la fibre, de rehausser l'éclat des couleurs, d'enlever les plis et de lustrer les surfaces. »

Il nous dira : « qu'on distingue, suivant le cas, des
apprêts chimiques et des apprêts mécaniques.

« On emploie, pour l'apprêt des toiles et des co-
tons, l'amidon et la fécule, l'alun et le savon, la cire
pour le satinage ; pour les soies, on fait usage de
gomme et de dextrine ; pour les laines, l'alun donne
un avivage brillant.

« Ces matières sont appliquées par le foulardage
ou par le bain de cuve ; on sèche d'abord par expression, puis par dessiccation.

« Pour exprimer l'excès du liquide, enlevé par
les étoffes, on tord à la cheville, on comprime entre
des cylindres les tissus mis en boyau ou tendus en
large, ou bien encore on se sert des hydro-extracteurs à grande vitesse et à force centrifuge.

« La dessiccation se fait dans des séchoirs à l'air
libre, dans des chambres chaudes, ou par des
cylindres dans lesquels circule, ou de l'eau chaude,
ou de la vapeur (1). »

III

Chargeage de la soie.

« La teinture en noir de la soie présente, en
général, dans son apprêt une particularité que les

---

(1) M. Charles Laboulaye. — *Dictionnaire des arts et manufactures.* — 4ᵉ édition (1877).

esprits malveillants seraient disposés à traiter de fraude , si elle n'était si connue, si universellement adoptée et si son résultat n'était pas, en diminuant considérablement le prix des étoffes de soie, d'en vulgariser l'usage.

« Nous regrettons bien, quant à nous, les belles étoffes inusables qui coûtaient à nos aïeules vingt-cinq ou trente francs le mètre, mais nous ne trouvons pas non plus très mauvais qu'il y ait des étoffes à quatre francs, qui durent trois mois ; aussi dirons-nous que, dans la teinture en noir, il y en a de plusieurs sortes : le non chargé, le chargé et même le surchargé.

«..... Le chargeage des noirs a pour but d'augmenter le poids des soies et, par conséquent, le volume des brins, ce qui fait naturellement qu'il y en a un moins grand nombre pour une surface donnée de tissu.

« Cette manœuvre, véritable fraude, quand elle était inconnue, s'exécute en ajoutant au bain de teinture une matière que la soie retient et qui y adhère intimement. Anciennement on employait la noix de galle, ou l'extrait de châtaignier, que l'on virait sur un bain de fer, dit *pied de noir*, composé d'une infinité d'ingrédients qui, la plupart du temps, se détruisaient l'un par l'autre ; aujourd'hui ce *pied de noir* est remplacé par le proto-acétate de fer qui donne des résultats constants et qui ne s'emploie que pour les soies assouplies.

« Quant aux soies cuites, on leur donne, par les moyens ordinaires, un fond de cyanure de fer, puis on les passe sur un bain concentré de rouille, après quoi elles sont trempées dans un bain de cachou à 90°, lavées à grande eau, savonnées dans un bain à 50 0/0 de leur poids, et enfin lavées avec de l'eau acidulée d'acide chlorhydrique.

« Ce procédé fait retrouver à la soie cuite les 25 0/0 qu'elle avait perdus dans la chaudière ; en ajoutant 2 0/0 de proto-chlorure d'étain au moment du passage dans le cachou, la soie en absorbe davantage. Cette plus-value de 25 0/0 n'a pas satisfait encore les marchands de soieries, et pour arriver au prix infime auquel on vend certaines étoffes, on a poussé la surcharge jusqu'à 55 0/0, c'est-à-dire 100 grammes de soie, perdant 25 grammes à la cuisson, se trouvant peser après la teinture 130 et même quelquefois 150 grammes.

« Voici comment ce prodige se produit : on donne un fond de cyanure de fer ; on passe trois fois dans un bain de rouille à 30 0/0 avec des intervalles de lavage et de savonnage bouillant ; on repasse au cyanure, on donne un bain de cachou à 250 0/0 ; on savonne et enfin on avive par l'acide chlorhydrique... »

Il ne faut pas s'étonner si parmi les soieries bon marché, il en est beaucoup de tachantes, de cassantes ; ce n'est point la qualité de la matière première qu'il faut accuser, mais tout simplement la masse de matières étrangères qui a transformé l'espèce de canevas primitif en une étoffe qui tient presque autant du papier que du tissu

C'est cependant ce genre de produits que, dans des maisons, même de premier ordre, on fait accepter aux acheteurs crédules comme des occasions, des *soldes*, pour employer le terme consacré, qui constituent au dire des commis loquaces une vraie *bonne fortune*.

Règle générale : les gens intelligents doivent se défier des soi-disant *occasions*. Il est rare qu'un vendeur, quel qu'il soit, livre une marchandise bien établie au-dessous de sa valeur réelle ; et pour une fois qu'on pourra se féliciter d'un bon marché avantageux, cent fois au moins on se reprochera de s'être laissé prendre à un faux semblant d'économie.

IV

Apprêt du drap.

L'apprêt pour le drap est d'une nature toute particulière. Il contient une opération que les autres genres d'étoffes ne réclament pas, qu'elle ne supporteraient même pas, le *foulage*, laquelle est précédée, comme pour les autres tissus, du *dégraissage* ou *dégorgeage*, qui a pour objet de débarrasser les fils de la trame des matières grasses qui les couvrent et ceux de la chaîne de l'*encollage* ou épaisse couche de colle dont on les a enduits, « afin de leur donner la force et l'élasticité qui leur manqueraient, au coup de chasse sur le métier à tisser, si on les laissait dans leur état naturel. »

L'*épincetage* et le *rentratage* ayant suivi le dégorgeage, le drap est envoyé au *foulage* « qui a pour objet de rapprocher les fils d'un tissu les uns auprès des autres, de manière à obtenir un corps épais et serré.

« Cette opération repose sur la propriété qu'ont toutes les matières textiles animales de se *feutrer* sous l'influence de frottement et de la chaleur.

« Autrefois on se servait de pilons ; plus tard, les exigences de la consommation et les facilités créées par les progrès de la filature, donnèrent pour ainsi dire naissance à la draperie véritablement fine, — draperie dont Elbeuf et Louviers sont restés, en France, les deux centres principaux ; — on dut naturellement alors avoir recours à des moyens de feutrage qui fussent en harmonie avec le nouvel aspect de cette draperie perfectionnée.

« Ce fut alors que parurent les premières feutreuses cylindriques, qui eurent pour résultat général de donner un feutrage très serré sans trop épaissir l'étoffe, tout en permettant de fouler sur la largeur sans diminuer beaucoup sur la longueur.

« Les premières machines de ce genre offertes à l'industrie sortaient des ateliers de MM. Hall et Scott, de Rouen ; elles furent bientôt suivies de celles MM. Lacroix père et fils, de la même ville, lesquelles ont servi de types à tout ce qui a été fait depuis.

« ..... Le drap, aussitôt qu'il est engagé entre les cylindres de la machine, doit recevoir une certaine quantité d'eau savonneuse. On humecte ainsi l'étoffe pour éviter les déchets et la détérioration

que provoquerait l'effet de la pression et de la
chaleur.

Quand le drap sort du foulage, il se présente avec
une apparence brute, grossière, qui le rend peu
propre à être employé. Il s'agit donc de lui donner, avec de la souplesse et de la douceur, un aspect qui puisse flatter l'œil de celui qui doit s'en
vêtir. Ce résultat s'obtient par la série d'opérations
qui constituent l'apprêt proprement dit.

La première de ces opérations appelée *lainage*
consiste à étirer et à égaliser le tissu par une sorte
de brossage au chardon, en passant d'un premier
chardon à demi usé à un deuxième, un troisième et
un quatrième chardon, dont le dernier est neuf et
ferme.

On plie ensuite le drap et on l'*essore*, c'est-à-dire
qu'on enlève par la pression environ 65 à 70 0/0 de
l'eau qu'il renferme, après quoi on laisse l'étoffe
sécher à l'air chaud ou à l'air libre ; puis vient le
tondage qui égalise la hauteur de la laine.

Le drap n'est ainsi que *disposé* et il faut dere-
chef employer le chardon, donner à nouveau un
tondage, un *épincetage*, un *rentrayage*.

Reste alors le *décatissage*, opération qui consiste
à ôter au moyen de la vapeur le *cati* ou brillant que
donne au drap la presse réunie à la chaleur. Pour
cela, on fait traverser le drap par de la vapeur qui
enlève à l'étoffe l'excès de lustre qui en rendrait
l'emploi impossible.

« Suivant les étoffes et le goût de la consommation, le décatissage doit être fait de façon à laisser
le drap brillant ou à le rendre mat. »

Mais, dans l'un comme dans l'autre cas, il importe que l'opération soit bien faite : on peut appliquer, en effet, au décatissage du drap ce que nous avons dit de l'apprêt de la soie par rapport au chargeage : un drap mal décati est d'un mauvais emploi, la moindre goutte d'eau y laisse sa trace et la poussière même le tache.

V

L'art mécanique appliqué à la teinture.

Dans les lignes qui précèdent, nous avons eu plusieurs fois à parler de l'introduction de différentes machines dans les ateliers de teinture.

Dans la suite de nos récits nous aurons souvent à revenir sur ce sujet et nos lecteurs pourront se rendre compte de l'immense influence exercée, sur le genre d'industrie qui nous occupe, par le progrès des arts mécaniques.

Ils reconnaîtront, à cette occasion, la connexion qui existe entre les arts en apparence les plus indépendants entre eux. Il ne se fait pas une découverte, il ne s'accomplit pas un progrès, n'importe dans quelle branche de l'industrie, que les résultats ne s'en fassent sentir, plus ou moins directement, dans le grand corps industriel tout entier.

En ce qui concerne le travail de la teinture, ce travail, autrefois si pénible, s'est rapidement modifié grâce au progrès des arts mécaniques. L'invention notamment des hydro-extracteurs et des machines à cheviller dont MM. Lyonnet et Prenat, de Lyon, ont été les premiers inventeurs, a singulièrement diminué la dépense de force de la part de l'ouvrier, et, par suite, sa fatigue. En revanche, l'emploi de ces sortes de machines de précision, si l'on peut ainsi parler, demande de la part de ceux qui s'en servent une extrême sagacité de l'œil, sagacité qui se perfectionne quand elle est naturelle, ou du moins quand, par une bonne première éducation professionnelle, elle a été acquise à temps, mais à laquelle se refusent complètement certaines organisations, ou complètement rétives, ou, ce qui est plus fréquent, trop négligées pendant la première jeunesse.

L'introduction des mathématiques élémentaires, celle du dessin industriel dans les écoles primaires, l'habitude donnée à l'enfant d'observer, de se rendre compte des phénomènes divers qui frappent ses yeux, constituent, pour la nouvelle génération des classes laborieuses destinées à pratiquer des métiers manuels, un énorme avantage sur les générations précédentes.

L'ouvrier a maintenant plus que jamais le droit de revendiquer ce titre d'*artisan* dont ses devanciers étaient fiers, alors qu'il était réservé au petit nombre de ceux qui avaient fait leurs preuves d'habileté dans telle ou telle fabrication industrielle. Ils sont véritablement artistes ou du moins ils doivent l'être, s'ils veulent se mouvoir librement et utilement au milieu de tous ces appareils, de toutes ces machines, de tous ces produits de la science et de l'in-

dustrie, véritables chef-d'œuvres, dont ils sont tenus
de connaître, d'apprécier le nom, la valeur, l'usage,
et auxquels il leur appartient de donner le mouvement et la vie.

C'est ainsi que, nécessairement soumis à l'influence du milieu dans lequel nous vivons, nous en su-
bissons forcément la marche. Un progrès en appelle
un autre et l'ensemble de ces progrès s'impose à
l'intelligence des hommes qui en sont les témoins
journaliers.

L'ouvrier aujourd'hui, au point de vue des arts
qui touchent à sa profession, ne peut vivre dans
l'ignorance où il vivait autrefois.

Bien que l'esprit de routine soit encore trop souvent son guide dans la mise en œuvre de ces machines, dans l'emploi de ces métiers naguère in-
connus qui facilitent son travail, il ne peut cependant se désintéresser des causes qui mettent en
mouvement ces moteurs puissants, ces agents précieux venant en aide à ses efforts.

Ces merveilleuses conquêtes de l'esprit humain
ont d'ailleurs par elles-mêmes une grandeur sublime
qui oblige à la réflexion et à l'admiration, les
intelligences les moins enthousiastes.

LES GOEBLINS

I

Dès le commencement du quatorzième siècle était établie sur les bords de la Bièvre, dans le faubourg Saint-Marcel, une petite colonie de teinturiers en laine et de drapiers, dont la renommée alors déjà grande à Paris ne devait pas tarder à s'étendre.

Ce fut là, en effet, le point de départ de cette célèbre corporation des drapiers de Paris, dont le centre se fixa plus tard dans le quartier des Halles et qui fournit des membres illustres, non seulement à l'industrie et au commerce de la capitale, mais à son administration municipale, et que joua un rôle si considérable au siècle suivant.

Justement à cette dernière époque, parmi les ouvriers teinturiers des bords de la Bièvre, se faisait remarquer un jeune homme intelligent, industrieux, que son humeur taquine et son esprit essentiellement gaulois avaient fait surnommer le *Gobelin*. (1)

L'habileté professionnelle de Jean Gobelin, jointe à un esprit pratique et aventureux à la fois, le fit bientôt sortir des rangs des ouvriers ordinaires. Suivant l'usage, ou plutôt réalisant l'ambition suprême

---

1 Le mot *Gobelin*, alors en usage, signifiait démon, lutin, esprit follet.

des artisans de son temps, il alla étudier en Provence et en Italie les secrets de son art, et, à son retour, il fonda un établissement qui ne tarda pas à acquérir une immense réputation.

Possesseur d'une fortune considérable, Jean Gobelin fit de si grandes acquisitions sur les bords de la Bièvre, dont les eaux étaient réputées particulièrement convenables à la teinture, que son nom ne tarda pas à être donné non seulement à l'industrie qui lui devait un merveilleux et soudain développement, mais au quartier et à la rivière même.

Philibert, son fils, et Désirée Lebrel, sa femme, continuèrent ses travaux ; à leur mort, en 1510, ils laissèrent à leurs successeurs une des manufactures les plus considérables et les plus florissantes de l'époque.

Le rouge écarlate des Gobelins rivalisait avec les plus belles pourpres du Levant, et, si la renommée industrielle de ceux à qui on la devait était de nature à satisfaire les plus ambitieux, la fortune ne les avait pas traités moins libéralement.

Cette haute réputation, ces grandes richesses ne suffirent cependant bientôt plus aux descendants du joyeux chef de la famille ; ils renoncèrent à la teinture, achetèrent des lettres de noblesse, et occupèrent diverses charges, tant dans l'armée que dans la magistrature et les finances. Leur dernier descendant connu, le marquis de Brinvilliers, dut aux crimes de sa femme, la trop célèbre empoisonneuse, une triste renommée.

A cette époque, la teinturerie des bords de la

Bièvre avait traversé successivement les phases les plus brillantes.

Entre les mains des sieurs Canage, élèves et successeurs des Gobelins, elle avait encore grandi en ce sens que ne se bornant plus à produire les écarlates, chaque jour plus brillants et plus solides, les Canage avaient élevé, à côté des ateliers de teinture, une manufacture de tapis, que la beauté et la solidité de leurs couleurs placèrent tout d'abord au premier rang, dans ce genre d'industrie.

En 1655, un Hollandais, appelé Gluck, et un ouvrier haute-licier de Bergues, nommé Jean Liausen (1), vinrent augmenter encore cette juste renommée. La perfection des tapisseries de hautes et basses lices sorties, à cette époque, des Gobelins attira l'attention de Colbert.

Déjà Henri IV avait songé à affranchir la France du tribut qu'elle payait à l'étranger « pour l'introduction des tapisseries et des étoffes d'or et de soie ; il avait tourné de ce côté ses vues non seulement pour empêcher le numéraire de sortir du pays, mais encore pour donner de l'ouvrage à une foule de gens qui avaient pris forcément, pendant les derniers troubles, des habitudes de vagabondage et d'oisiveté. »

La mort ne lui avait pas laissé le temps de mener cette œuvre à bonne fin et Louis XIII, bien qu'on lui doive la fondation de la célèbre manufacture de tapis de la Savonnerie, n'avait donné que peu de

(1) Jean Liausen est surtout connu sous le nom de Jans.

suite aux vastes projets de son père, touchant notre grandeur industrielle.

Il appartenait à Louis XIV, secondé par le génie de Colbert, de reprendre cette œuvre aussi importante que glorieuse.

Pour ne parler que du sujet qui nous occupe : « En quelques années toutes les manufactures royales et particulières reprirent une existence nouvelle et leur prospérité dépassa de beaucoup celle de leurs meilleurs jours. Lebrun, premier peintre du roi, était placé à la tête de l'établissement de la Savonnerie situé à Chaillot, et dans lequel Philippe Lourdet faisait travailler des enfants tirés des hôpitaux ; Hinard recevait le privilège de la manufacture de Beauvais ;

« Les usines particulières de Felletin et d'Aubusson devaient à la libéralité du roi un peintre et un teinturier entretenus à ses frais... Enfin, voulant donner aux artisans de son royaume l'exemple d'une usine modèle, où l'activité saurait se joindre au talent, non pour écraser l'industrie privée par une concurrence disproportionnée, mais pour la stimuler et la diriger dans ses travaux, le roi créait les Gobelins. »

II

« Aujourd'hui, nous apprend M. Turgan, dont le beau travail (1) va nous fournir, non seulement les

( ) *Les Grandes Usines de France*, tome 1ᵉʳ.

détails, mais le texte même de cet article, sauf quelques passages non guillemettés que nous empruntons à la remarquable monographie publiée par M. Lacordaire, directeur des Gobelins, aujourd'hui, la manufacture des Gobelins se compose de trois parties bien distinctes : l'atelier de peinture, l'atelier de tapisserie et l'atelier des tapis.

« L'atelier de teinture, qui seul doit nous occuper ici, est incontestablement la première teinturerie du monde, non par la quantité de ses produits, qui dépassent à peine quinze cents kilogrammes de laine par an, mais par la perfection et la multiplicité de ses opérations.

« Il a pour directeur, depuis 1824, M. Chevreul, membre de l'Institut, dont les travaux importants ont rendu tant de services à l'industrie française, et pour sous-directeur M. Decaux, nommé en 1843.

« L'atelier est simple : il se compose d'un séchoir, d'une grande pièce où sont les chaudières à mordants et à teinture, et d'un couloir souterrain servant d'accès aux sept fourneaux qui font bouillir les liquides colorants.

« Sous les fenêtres passe la Bièvre, grise, opaque, infecte, traînant lentement entre deux quais de pierre ses eaux visqueuses, chargées de tous les résidus des usines d'amont. Elle amenait autrefois les teinturiers sur ses bords, aujourd'hui elle les ferait fuir, et la Seine l'a remplacée avantageusement, même pour le lavage des laines après la teinture.

« ..... Les laines employées aux Gobelins sont examinées et choisies avec un soin minutieux ; elles sont ensuite soumises à un dégraissage calculé suivant les couleurs qu'elles doivent recevoir.

« Passées au lait de chaux, au sous-carbonate de soude, ou simplement au son, elles ont plus ou moins d'*amour* pour telle ou telle teinture suivant leur provenance et la nature du liquide dégraisseur...

« Les écheveaux passés sur de larges bâtons appelés *lissoirs* sont ensuite plongés dans une des chaudières carrées en cuivre rouge qui renferme le mordant plus ou moins aluné ou tartrique, suivant les teintures, et qui bout à gros bouillons. De là, ils passent au bain coloré.

« La teinture des Gobelins n'a aucun rapport avec les établissements du commerce qui produisent, les uns une seule couleur comme les usines à teinture bleue ou à teinture noire, les autres des couleurs variées mais limitées de ton, dont on peut confier l'exécution à des ouvriers plus ou moins habiles ; tandis que pour produire, non seulement la multitude des nuances, mais encore les vingt ou trente tons de chaque nuance exigés par la fabrication de la manufacture, il faut de véritables artistes teinturiers.

« Aux Gobelins, on s'attache à produire des couleurs de grand teint, c'est-à-dire persistantes ; la difficulté est bien plus grande que dans la plupart des industries privées, où l'on recherche seulement l'éclat. »

L'élément scientifique introduit à la manufacture des Gobelins, sous l'administration de M. d'Ange-viller, puis éliminé pour quelques années par la réforme radicale du ministre Rolland, prit une véritable importance à partir de la nomination de M. Roard, comme directeur de l'atelier de teinture,

· A peine installé dans ses fonctions, M. Roard sollicita et fut assez heureux pour obtenir, par l'influence de Chaptal et de Berthollet, la création d'une école pratique de teinture, dont le ministre de l'intérieur fit les frais : on y admettait indistinctement des Français et des étrangers; parmi les premiers, six recevaient du ministère un traitement annuel de mille francs.

Malgré le peu de ressources mises à la disposition du professeur, il sortit, en peu de temps, de cette école, nombre de sujets distingués qui fondèrent à Paris, à Lyon (1), à Tours, à Rouen, à Mulhouse, à Avignon, à Turin, des ateliers de teinture renommés pour la beauté, la solidité et la perfection de leurs produits.

Des travaux théoriques des prédécesseurs de M. Roard, il ne restait absolument rien; de nombreuses expériences durent être faites pour déterminer de nouveau les matières et les meilleurs procédés de teinture des laines et des soies employées dans la fabrication des tapisseries; problème que

______

(1) M. Lacordaire désigne en particulier, à Lyon, M. Renard, dont la maison nous occupera dans la suite de ce récit. (Voir la *Biographie* de Verguin.)

compliquait le caractère particulier de modèles exclusivement empruntés à l'école de David. M. Roard
s'exprime ainsi à ce sujet :

« ..... La manufacture des Gobelins n'avait au-
« trefois à exécuter que des tableaux de couleurs
« très intenses et très tranchées, se prêtant à une
« parfaite exécution en tapisserie, couleurs qui alors
« conservaient toute leur fraîcheur et leur harmo-
« nie... Les nuances de laine et de soie, assez dis-
« tantes les unes des autres, ne se composaient
« chacune (des demi-teintes aux couleurs les plus
« foncées) que de *dix à quinze couleurs*. Mais,
« quand il a fallu exécuter les tableaux de David et
« de ses élèves, Gérard, Gros, Guérin, Girodet, ces
« habiles artistes nous ont forcé, malgré nos ob-
« servations, à augmenter d'une manière considé-
« rable notre ancienne palette et à faire des nuan-
« ces très rapprochées entre elles, qui *alors, se*
« *composaient, à partir du blanc, de trente à*
« *trente-six couleurs.*

« Comme je connaissais assez particulièrement
« tous ces grands peintres, je leur ai fait observer
« que nous ne pouvions donner aux tons si clairs
« qu'ils demandaient la même solidité et la même
« durée à l'air que celles des demi-teintes et des
« couleurs foncées; qu'après un temps assez court,
« l'harmonie qui existait primitivement serait dé-
« truite, et qu'enfin, par leur faute, on dirait plus
« tard que l'art de la fabrication des tapisseries a
« rétrogradé, malgré les perfectionnements nou-
« veaux et importants apportés, tant dans cette

« même fabrication que dans les teintures..... On
« ne tint aucun compte de ces motifs si positifs.

« ..... Pendant que M. David s'occupait de ter-
« miner son tableau du *Sacre* qui devait être exé-
« cuté en tapisserie, j'allais assez souvent dans son
« atelier, place de la Sorbonne.

« En admirant le côté droit de son tableau, dans
« lequel sont groupés l'empereur, le pape et tous
« les maréchaux, je lui disais : — Nous ferons pour
« cette partie une très belle tapisserie, attendu la
« beauté, la richesse et la variété des costumes ;
« mais comment voulez-vous que nous, dont les
« moyens d'exécution en couleurs solides sont très
« bornés, nous puissions faire quelque chose de
« bien durable pour le côté gauche, dans lequel se
« trouvent l'impératrice, les princesses et les dames
« de la suite, toutes habillées en blanc ? — Vous
« ferez comme vous le pourrez, me répondit le
« grand peintre ; mais vous n'aurez jamais autant
« d'ennui que j'en ai éprouvé pour ce tableau de
« commande, dans lequel j'ai été obligé de placer
« mes personnages d'après un programme officiel.

« ..... Dès 1804, j'avais aussi reconnu que la fa-
« brication des tapisseries a des limites, qui sont
« celles de la palette du teinturier en couleurs so-
« lides, limites qu'elle ne doit jamais dépasser, si
« l'on ne veut pas courir les chances de voir ces
« magnifiques produits qui, d'abord, en sortant de
« dessus nos métiers, ne laissent rien à désirer,
« perdre ensuite, après quelques années de leur
« exposition à l'air, une grande partie de leur frai-
« cheur et toute leur harmonie !..... »

Beaucoup de tapisseries de l'école de David présentent, en effet, les défauts d'accord prévus par M. Roard, défauts qui ne proviennent pas uniquement des conditions spéciales des modèles, mais aussi du mode de fabrication.

La teinture ne fournit pas, à elle seule, quelque perfectionnés que soient ses procédés, les moyens de reproduire complètement et d'une manière durable, avec la soie et la laine, les nuances légères, la transparence, les effets si naturels de la peinture à l'huile.

Après une longue suite d'essais et de mécomptes, l'artiste tapissier s'en est convaincu ; c'est alors que, perfectionnant ses procédés de tissage et de mélange des couleurs, il est parvenu, par le travail des *hachures à deux et même à trois nuances*, à opérer de nouvelles combinaisons, à *enter* (c'est le mot propre) les couleurs les unes dans les autres et à leur donner l'accord, le soutien, la transparence vainement cherchés jusque-là ou incomplètement trouvés.

Cette dernière évolution de l'art du tapissier s'est accomplie sous l'administration de M. des Rotours (1). Il n'a fallu guère moins de sept à huit ans pour sa généralisation dans les ateliers ; mais aujourd'hui, sa supériorité est si bien reconnue, qu'à de rares exceptions près, il est seul employé. C'est, en effet, le seul mode de travail qui permette d'obtenir au plus haut degré possible :

(1) Le baron des Rotours, ancien officier supérieur d'artillerie, a dirigé la manufacture des Gobelins de 1816 à 1833.

Exactitude dans la traduction du coloris du modèle ;

Accord durable dans les nuances employées ;

Transparence.

Cette heureuse innovation ne fut pas le seul progrès réalisé aux Gobelins pendant la période de l'administration de M. des Rotours ; un cours de chimie appliquée à la teinture fut entre autres institué.

Ce cours, dans la pensée de M. de Prades, devait rendre à l'industrie manufacturière d'immenses services, surtout à partir du moment où, en 1824, il fut confié à l'éminent chimiste, M. Chevreul, le directeur actuel des teintures des manufactures nationales.

Si, de la vue d'ensemble que nous venons d'esquisser, nous rentrons dans la question de la teinture proprement dite, M. Turgan nous apprend « que chaque teinte, aux Gobelins, a sa gamme, c'est-à-dire ses vingt-quatre tons environ, se dégradant de l'intense au plus pâle..... Rien n'est plus charmant à voir que ces vingt-quatre écheveaux, placés à côté les uns des autres, de manière à donner l'aspect de la gamme. La dégradation d'un écheveau au suivant est insensible pour toute personne qui n'est pas du métier, et cependant l'ouvrier les distingue, non seulement hors du bain, colorés et séchés, mais encore tout mouillés et trempés dans la chaudière.

« Voici comment l'opération se conduit quand la couleur est simple : on charge le bain à l'intense de la gamme cherchée ; le teinturier ayant placé sur ses bâtons les écheveaux qu'il destine au ton le plus élevé, les plonge dans le bain, les regarde, les soulève, les accroche à des montants situés à sa main droite, les replonge dans la chaudière, examine, apprécie la durée du temps pendant lequel il les laisse baigner ou sécher; quand il les juge au point désiré, il les retire et les étend, quitte à les retremper plus tard.

« Pendant ce temps, le bain va se refroidissant de plus en plus; on le ravive s'il se décolore trop vite, puis, peu à peu, le liquide étant moins chargé, on arrive à des tons si pâles, que le dernier, rapproché du premier, semble tout blanc.

« ... Le blanc est simplement de la laine pure bien dégraissée et passée au soufre.

« Ces opérations se font aux Gobelins sur une petite échelle, plutôt dans un laboratoire que dans un atelier, aussi chaque chaudière a-t-elle son fourneau séparé. La manufacture n'a qu'un petit générateur à vapeur nécessaire pour quelques manipulations accessoires destinées à fixer certaines couleurs.

« Les beaux travaux de M. Chevreul doivent trouver ici une rapide appréciation. Tout le monde sait avec quelle rare persévérance l'éminent chimiste, qui est aujourd'hui, croyons-nous, le doyen de l'Académie des sciences, non seulement comme date de naissance, mais au point de vue des services rendus aux arts et à l'industrie, s'est attaché depuis longtemps à étudier les phénomènes physiques et chimiques des couleurs. De ses laborieuses études il est résulté d'abord une classification, puis

une loi, loi indispensable à connaître dans tous ses
détails pour tous ceux qui s'occupent de teinture,
c'est la loi du contraste des couleurs simultané et
successif.

« La classification, continue M. Turgan, est établie sur l'image prismatique qui donne les couleurs
simples, fractions d'un rayon de lumière blanche.
Si l'on étale circulairement cette image prismatique
sur une table ronde, si on la subdivise en 72 nuances, de façon qu'il y en ait 23 entre le rouge et le
jaune, 23 entre le jaune et le bleu et 23 entre le
bleu et le rouge, et si l'on subdivise ensuite chacune de ces nuances en 20 parties, se dégradant,
du noir qui est à la circonférence au blanc qui occupe le centre du cercle, on aura 20 tons par
nuances ; ce qui fait 1,440 tons pour le premier
cercle chromatique, composé de tons francs sans
mélange de noir. Chaque ensemble de 20 tons
d'une nuance forme une gamme. Si l'on ternit uniformément tous les tons de ce cercle avec du gris
normal (c'est-à-dire le gris du noir qui représente
une ombre dépourvue de couleur), on aura un second cercle dont les gammes seront ternies à 1/10
de noir ; ou au contraire un troisième à 2/10 ; un
quatrième de même, etc., jusqu'au dixième où tous
les tons seront notablement obscurcis parce qu'ils
seront 9/10 de noir. En ajoutant aux 14,400 tons
ainsi produits les 20 tons de la gamme du gris normal, on aura 14,420 tons pour l'ensemble de la con-
struction chromatique.

« Grâce à cette classification, on peut indiquer,
noter exactement une couleur quelconque.

« Il serait donc possible à un voyageur qui aurait emporté son album chromatique au-delà de l'Océan, de décrire exactement une fleur, un métal, un vêtement ou toute autre objet coloré, en disant, par exemple, de la fleur du grenadier : elle est le rouge orangé du premier cercle, ton 10 ; ce qui serait moins poétique, mais plus facile à retrouver que rouge éclatant, éblouissant, ou tout autre superlatif.

« Notre glorieux pantalon garance répond à la couleur rouge, gamme 3, ton 12, terni à 3/10 de noir (1).

« ... Ces travaux qui, au premier abord, paraissent de pure théorie, ont eu cependant des conséquences pratiques immédiates : on a exécuté les gammes avec de la laine ; le cercle chromatique n'a plus été une simple démonstration de physique, et il existe aux Gobelins composé d'écheveaux coloriés (2).

« Pour obtenir ces couleurs, ces nuances et ces tons, il a fallu faire de nombreuses recherches qui ont conduit à donner des types parfaitement déterminés.

« Les études de M. Chevreul ont ainsi fait une science de la teinture et de la fabrication des cou-

(1) L'étude de cette classification est, ou va être prochainement introduite dans les écoles primaire. M. Chevreul achève en ce moment la préparation de tableaux en chromo à cet effet.

(2) Le même travail exécuté en soie, par la teinturerie lyonnaise, a été fort admiré aux dernières expositions universelles.

leurs, qui jusque-là avaient été dans le vague le plus complet... Il en est cependant de ces formules comme de presque toutes les sciences humaines ; elles n'ont qu'un absolu relatif et il reste encore un vaste champ au hasard, au travail du savant, à l'habileté des mains de l'ouvrier.

« La loi des contrastes d'ailleurs se fait en cette matière constamment sentir. Ainsi placez plusieurs bandes de gris, à côté les unes des autres, à la condition que chaque bande sera située entre un ton plus foncé et un ton plus clair, et vous aurez immédiatement l'aspect d'une cannelure ; la partie juxtaposée au ton plus foncé paraissant plus claire et réciproquement. Pour bien constater que ce n'est qu'une illusion d'optique, il faut isoler chaque tranche de gris en couvrant ses deux voisines d'une bande de papier blanc, on voit alors que la cannelure disparaît. Cet effet est bien connu et journellement utilisé par les peintres qui ont à représenter des colonnes cannelées.

« Mais si la loi des contrastes se fait ainsi sentir entre les divers tons d'une même couleur, elle exerce une action bien plus apparente encore entre deux couleurs différentes, ainsi qu'on peut s'en convaincre par l'expérience suivante, facile à répéter :

« Dans une feuille de papier mat non glacé et coloré en gris clair, découpez un ornement quelconque, rosace, palme, etc., appliquez-le au milieu d'une feuille de papier blanc.

« Faites au milieu d'une autre feuille de papier blanc une ouverture correspondant entièrement aux contours de l'ornement, de façon que posée

sur la première feuille elle laisse paraître la rosace
grise.

« Découpez ensuite, dans la même feuille de papier gris, six rosaces pareilles, et appliquez-les au
milieu de six feuilles de papier mat des couleurs
suivantes : violet, bleu, vert, jaune, orange, rouge ;
placez sur une table bien éclairée la feuille de papier blanc sur laquelle se trouve la rosace grise,
placez à côté et successivement vos papiers colorés ; le phénomène suivant se produira :

« Tandis que le gris placé sur la feuille blanche
paraîtra seulement un peu plus foncé, la rosace
grise identique placée au milieu du violet prendra
un reflet jaune très sensible, sur le bleu une teinte
orangée, sur le vert une teinte rose, sur le jaune
une teinte lilas, sur l'orange une teinte bleuâtre et
sur le rouge une teinte verte.

« Pour constater l'illusion, il faut placer sur un des
papiers colorés la feuille de papier blanc dans laquelle on a fait une ouverture ; immédiatement le
gris retourne à sa valeur réelle et n'a plus de teintes colorées. »

« Ces expériences qui sont aussi faciles qu'amu-
santes à faire ont l'avantage de donner à toutes
les personnes qui emploient, sous quelle forme que
ce soit, les matières colorantes ou colorées, la raison d'une foule d'effets, dont elles ne peuvent se
rendre compte autrement.

« M. Chevreul a fait aussi de longues et intéressantes recherches sur le mélange des couleurs.
Tout le monde sait que les couleurs sont produites par la décomposition de la lumière blan-

che; mais ce que l'on sait moins, c'est que tous les rayons colorés réunis forment du blanc.

« Ainsi construisez un toton dont la surface supérieure représentera le prisme étalé circulairement et faites-le tourner rapidement, il paraîtra blanc ; si vous peignez sur la surface supérieure d'un autre toton du violet ou du rouge seulement, vous aurez un effet grisâtre, de même du rouge et du vert, de même du bleu et de l'orangé. Les couleurs qui produisent cet effet deux à deux sont dites *complémentaires* l'une à l'égard de l'autre.

« En se servant de la propriété des couleurs complémentaires de se détruire l'une l'autre pour former des gris plus ou moins foncés, la teinturerie des Gobelins est arrivée à créer des couleurs rabattues bon teint, tandis que par l'ancien système qui consistait à les ternir avec une composition appelée *rabat* qui ressemble assez à de l'encre épaissie au moyen de gomme, on ne pouvait éviter une assez prompte décomposition à l'air.

« On comprend par contre combien il importe, quand on veut des teintes pures, d'éviter avec le plus grand soin les complémentaires qui les terniraient et cela non seulement dans l'opération de la teinture, mais dans l'emploi des laines teintes ; ainsi un ouvrier qui mêlerait intimement un fil bleu violet avec un fil jaune orange obtiendrait un vert grisâtre au lieu d'un vert jaune. »

HELLOT (Jean)

(1685-1766)

I

Jean Hellot, des Académies royales de France et d'Angleterre, naquit à Paris le 20 novembre 1685, de Michel Hellot et de Marie-Anne Reynaud ; il fit ses études dans la maison paternelle et vraisemblablement il eut un bon guide dans la carrière des lettres, car il a possédé jusqu'à la fin de sa vie une érudition profonde et le talent précieux d'écrire sur toutes sortes de sujets de la manière la plus précise, la plus claire, la plus élégante.

Ces talents, marqués en lui de très bonne heure, firent croire qu'il était propre à l'état ecclésiastique dans lequel ils auraient pu lui fournir mille occasions de se distinguer; les alliances de sa famille avec plusieurs maisons puissantes donnaient même lieu d'espérer qu'il y ferait promptement son chemin, mais quelque bien concerté que cet arrangement pût paraître, il rencontra bientôt un obstacle invincible : l'aïeul de M. Hellot avait été médecin ;

le jeune homme trouva dans ses papiers des Mémoires sur la chimie ; il les lut et il n'en fallut pas
davantage pour mettre en jeu son inclination naturelle ; il cessa de se croire appelé à l'état auquel on
le destinait, et, pour emprunter le langage même
de la chimie, une affinité plus grande fit abandonner
à son esprit la théologie pour le porter à son étude
favorite.

Il ne tarda pas à se livrer sans réserve à cette étude ; tout le feu de la jeunesse ne put l'en détourner un seul instant ; bientôt tous les gens de mérite
en ce genre composèrent la liste de ses amis, et la
conversation, si souvent inutile, pour ne pas dire
dangereuse, devint chez lui, sans qu'il s'en aperçut,
une continuation d'étude et une nouvelle source
d'instruction.

Cependant quelques secours que le jeune chimiste pût trouver pour pousser ses études scientifiques dans le milieu intelligent où il avait su se
placer, ces secours ne tardèrent pas à lui paraître
insuffisants. Il se rendit en Angleterre pour y con-
férer avec les illustres savants qui composaient
alors la Société royale de Londres ; son voyage ne
trompa point ses espérances et il rentra à Paris,
orné d'une infinité de connaissances et honoré de
l'amitié de ce qu'il y avait de plus illustre en Angleterre.

Sa famille était riche, bien posée, et rien ne semblait subordonner sa situation aux dangereux caprices de la fortune. Une de ces catastrophes trop fré-
quents de nos jours, mais donc alors on n'avait pas
encore vu d'exemples, en France du moins, vint ino-

pinément troubler la quiétude d'esprit et l'indépendance de vie dont jouissait le laborieux jeune
homme : les suites funestes du système de Law
laissèrent la famille Hellot presque sans ressources
et, dans son dévouement pour les siens bien plus
que dans le désir de se conserver à lui-même l'état
de maison auquel il était habitué, il n'hésita pas à
sacrifier ses goûts et à changer le courant de ses
occupations.

Il accepta la rédaction de la *Gazette de France* et
pendant quatorze ans, de 1718 à 1734, il remplit
cette charge avec l'ardeur consciencieuse qu'il ap-
portait à tout ce qu'il entreprenait.

La chimie cependant n'était point complètement
abandonnée ; il en avait fait « son passe-temps »
favori et il lui donnait tous les moments qu'il pouvait dérober aux lettres et à la politique.

Bien que ces moments de liberté fussent rares,
cependant, grâce à des aptitudes particulières et à
une grande facilité de travail, non seulement Hellot
parvint à se tenir au courant des progrès de la
chimie encore à sa naissance, mais il put contribuer à ce progrès d'une façon si incontestable, si
éclatante même, que lorsqu'en 1732, il se trouva libre des engagements qu'il avait pris avec la *Gazette
de France*, ses amis n'hésitèrent pas à poser sa can-
didature à l'Académie des sciences où il était déjà
bien connu, notamment pour la part heureuse qu'il
avait prise aux travaux de Duhamel et Gross sur
l'éther.

A partir du moment où il fut appelé à remplacer
dans ce corps savant, comme adjoint chimiste, M. de

a Condamine (2 mars 1735), Hellot fit regretter par ses travaux successifs le temps que des nécessités de position l'avaient obligé de dérober à la science.

Une analyse du zinc qui, pour la première fois, en détermina la nature, une étude satisfaisante sur la propriété que possède le nitre d'exhaler des vapeurs rouges, la création d'une encre sympathique réunissant les propriétés diverses des produits analogues jusque-là trouvés, préludèrent à toute une série de découvertes dont le côté pratique, au point de vue industriel, ne saurait échapper à personne.

Un Allemand, nommé Brandt, entêté d'alchimie, venait de trouver le phosphore, auquel Kunckel devait bientôt après donner son nom.

Mais, d'une part, Brandt ne voulait pas livrer son secret et, d'autre part, les procédés de Kunckel et de ses amis étaient insuffisants. Chargé par le ministère de recherches spéciales sur ce sujet, Hellot pénétra le mystère dont s'entouraient les chimistes étrangers et non seulement il pénétra leur procédé, mais il en rechercha et en détermina la théorie (1737). La fabrication de ce produit se fit alors en France, qui n'eut plus besoin de le tirer de l'étranger.

Un mémoire sur les produits de quelques-unes de nos salines des bords de la Méditerranée, un autre sur l'étalon servant de base aux mesures de longueur en usage dans le commerce, en portant plus particulièrement les observations de Hellot sur des questions industrielles, révélèrent tout ce qu'il y avait en lui d'esprit pratique ; aussi lorsque, sur ces entrefaites, la mort de Dufay (1739) laissa vacant l'emploi d'inspecteur des teintures créé pour lui, pensa-t-on qu'il ne pouvait être confié à de meilleures mains. La voie d'Hellot fut dès lors définitivement fixée.

Il était, en effet, impossible qu'un esprit aussi sagace se trouvât sans cesse en contact avec une industrie aussi considérable et aussi intimement liée à la chimie sans être frappé de tout ce qui lui manquait au point de vue de la théorie.

Il se mit immédiatement à l'œuvre : deux mémoires présentés à l'Académie, en 1740 et 1741, furent le prélude d'un travail plus complet publié en 1750, sous le titre de *l'Art de la teinture de la laine et des étoffes de laine, au grand et au petit teint*.

Aucun ouvrage ne vint jamais plus à propos et ne fut plus utile que ce traité, car, ainsi que le fait judicieusement observer le savant Fouchy qui nous sert de guide pour cette notice, si on a pu avancer, avec quelque exactitude, que la plupart des inventions utiles ont été dues à un hasard heureux, il faut assurément en excepter celle de la teinture.

Jamais, en effet, le hasard n'aurait pu conduire à toutes les opérations que cet art exige et qui ne peuvent être que des combinaisons d'une physique très éclairée ; cette physique si nécessaire était cependant presque absolument ignorée de ceux mêmes qui étaient les plus habiles dans cet art, et on n'y voyait qu'un amas de pratiques en apparence bizarres et consignées dans une tradition aveugle. C'est à rappeler cet art à ses véritables principes et à en éclairer les opérations qu'était destiné l'ouvrage de Hellot.

Il y fait voir que, pour rendre la teinture solide, il faut que la matière colorante soit réduite en parties assez fines pour s'insinuer dans les pores de la laine, nettoyée et dilatée pour la recevoir, et que, de plus, elles y soient retenues par un sel indissoluble à l'air et à l'eau froide, duquel elles deviennent en quelque sorte parties ; ce principe fondamental est comme la clef de tout l'art de la teinture, et c'est d'après lui que Hellot en examine toutes les opérations en faisant voir qu'il est la base de toutes celles qui donnent des teintures solides, et qu'on ne le retrouve dans aucune des teintures faux teint.

II

L'inspection de l'état des mines du royaume, qui lui avait été confié quelques années auparavant, avait révélé à Hellot des faits trop curieux et intéressants pour ne pas éveiller son attention et exciter son émulation. Il menait de front ses travaux sur la teinture et ses essais, ses expériences sur les différents métaux. Il fut ainsi amené à une découverte singulière qui ne devait être indifférente à aucun de ces deux points de vue.

On soupçonnait depuis longtemps que les pierres précieuses colorées ne devaient leur couleur qu'aux vapeurs minérales auxquelles elles avaient été exposées ; un morceau de cobalt qui tomba entre les mains d'Hellot lui fournit la preuve la plus complète de l'exactitude de cette supposition.

Ce morceau de cobalt, qui servait de matrice à un grand nombre de morceaux de cristal, tous à facettes, tous sans couleur et très transparents, ayant été chauffé dans un moufle presque jusqu'à rougir, tous les cristaux se trouvèrent colorés et formèrent un admirable assemblage de toutes les pierres précieuses colorées que nous connaissons. Les seules vapeurs sulfureuses et arsenicales que le cobalt avait exhalées avaient produit cet effet.

Ainsi se trouvait scellé du sceau de l'expérience, une opinion qui n'avait jusque-là pour elle que la seule probabilité. En même temps une voie nouvelle était ouverte à une industrie, plus importante qu'on ne le pense, — à Paris du moins, — celle de la fabrication des pierres fausses ; c'était enfin un fait de plus ajouté à ceux qu'Hellot avait déjà groupés dans sa *Traduction des traités allemands de Shlutter sur les essais et les fontes des mines*, travail qui est, du reste, beaucoup moins une traduction qu'un ouvrage entièrement neuf, puisque le fond seul de Shlutter a été conservé et que tout l'arrangement est de Hellot qui, de plus, y ayant joint un grand nombre de procédés ignorés ou négligés par le premier auteur, en a fait un traité complet et des plus pratiques : les signes auxquels on peut reconnaître les terrains recelant du minerai, la manière de l'extraire, celle de l'essayer, l'art d'en séparer le soufre et l'arsenic, de le fondre et de purifier ensuite le métal, rien n'y est omis et c'est un guide que lui doivent tous ceux qui s'occupent de ces questions (1).

Cependant cette double étude, comprenant et parfois réunissant dans un même ordre de recherches et d'expériences les matières colorantes et les richesses que recouvre le sol terrestre, rendait l'Etat particulièrement compétent dans une des branches de l'industrie artistique que la France s'efforçait seulement à cette époque de faire progresser ou, pour parler plus exactement, de créer en France.

Il s'agit, nos lecteurs l'ont compris, de ces porcelaines fines et délicates dont la Chine avait, jusqu'à cette époque, monopolisé la fabrication.

Pour aussi bien gardé cependant qu'eût été ce secret, les efforts de la chimie naissante avaient soulevé les voiles qui le couvraient. La terre propice à ce genre précieux de l'art céramique, par les soins du gouvernement, avait été créée et livrée à une manufacture spéciale dont les produits faisaient déjà l'admiration de l'Europe.

Cet art nouveau, qui devait bientôt devenir une branche importante de notre industrie nationale, n'existait, toutefois, qu'à titre d'essais et si ces débuts permettaient d'espérer beaucoup de l'avenir, ils im-

______

(1) Ce traité sans doute, à vieilli; il a été remplacé par d'autres traités plus complets, plus en harmonie avec l'état progressif de la science. On y trouve cependant très peu de faits et d'observations qui n'aient toujours leur utilité; de plus, on ne doit pas oublier qu'il a servi de base, de point de départ, aux travaux des savants qui se sont succédé depuis dans cette voie si importante et jusque-là si mal déterminée.

posaient, par cela même, le devoir à l'administration et aux corps savants de ne rien négliger pour lui donner tout l'essor dont il était évidemment susceptible.

Hellot fut choisi pour y travailler; il arriva, avec plusieurs autres savants, à perfectionner les procédés, à améliorer les matières de cette délicate fabrition, et, non seulement il prit une part active et considérable à ces recherches et aux progrès qui en furent le résultat, mais il découvrit ou composa différentes couleurs qui, propres à la décoration de la porcelaine, ont notablement contribué à la perfection et à la célébrité des produits de la manufacture de Sèvres.

III

Un fléau, jusque-là inconnu dans les mines de charbon françaises, bien qu'il fût déjà connu en Belgique et en Angleterre, le feu *grisou*, vint, sur ces entrefaites, jeter la terreur parmi les ouvriers mineurs de Briançon : Hellot partagea avec Montigny et Duhamel l'honneur de combattre ce fléau, et non seulement les moyens qu'il proposa permirent aux ouvriers prudents d'éviter les dangers de ce redoutable gardien des richesses souterraines de notre globe, mais il reconnut et signala la présence d'autres vapeurs qui se dégagent dans les mines et, qui, pour s'annoncer d'une façon moins effrayante, pour produire des effets moins foudroyants, ne sont pas moins funestes à la santé et à la sûreté des travailleurs.

Or, pour Hellot, constater un péril, s'apercevoir d'une cause de souffrances, c'était se créer un impérieux devoir : il n'eut pas un moment de repos avant d'avoir imaginé des moyens d'aération, des précautions hygiéniques de nature à combattre ces gaz délétères dont il avait reconnu la présence dans les mines de houille.

La revision de la manière défectueuse dont se faisait les essais d'or et d'argent ; celle plus importante encore des inexactitudes qui s'étaient glissées dans les divers systèmes des poids et mesures ayant alors cours en France, inexactitudes désastreuses pour le commerce entre certaines de nos différentes provinces, achevèrent d'occuper cette vie restée si active jusque dans l'âge le plus avancé.

Hellot, en effet, avait dépassé sa quatre-vingtième année sans que son intelligence se fût affaiblie, sans que sa santé lui eût imposé la nécessité du repos.

Sauf un asthme qui le faisait depuis longtemps souffrir, mais avec lequel, disait-il, en souriant, il s'efforçait de faire aussi bon ménage que possible ; sauf, ce qui était plus grave, sans que ses amis cependant s'en inquiétassent, tant lui-même s'en préoccupait peu, une enflure des jambes survenant depuis quelques années, à certains moments, l'aimable et bon vieillard se portait à merveille.

Une attaque d'apoplexie mit, en juillet 1765, sa vie en danger ; mais les secours qu'on lui administra furent si prompts, si habilement entendus, ou

plutôt la force de son tempérament était telle
qu'en quelques jours il reprit toutes ses forces,
tout son esprit et tous ses goûts.

A la fin de mars suivant, alors que les premières
effluves de vie que le printemps répand dans toute
la nature, commençaient à gonfler les bourgeons
des arbres et à faire circuler plus vite le sang dans
.les veines des êtres animés, une nouvelle attaque
se produisit, et cette fois elle fut foudroyante.

Après deux jours d'un de ces états d'immobilité et
de torpeur, auxquels on ose à peine donner le nom de
vie, le savant infatigable, l'homme bon et utile,
s'éteignit sans avoir repris connaissance un seul
instant.

Hellot était de petite taille et assez replet; ses
yeux étincelaient d'une vivacité agréable qui peignait la promptitude et le charme sympathique de
son esprit. Malgré cette vivacité, personne n'a jamais été plus doux et plus bienveilllant dans le
commerce de la vie; aussi s'était-il fait des amis
de tous ceux qui le connaissaient. Sa conversation
ne se ressentait jamais de la sécheresse des études
auxquelles il se livrait avec la plus grande ardeur,
mais sans leur permettre de l'absorber de
telle façon qu'il ne fût plus maître de se livrer au
charme des relations sociales avec le laisser-aller,
l'abandon qui lui étaient naturels. Pétillant d'esprit, ayant la répartie aussi prompte que l'intelligence ouverte et facile, il employait, avec une
délicatesse charmante, l'arme si souvent redoutable
de la raillerie, et se jouait avec elle, si l'on peut
ainsi parler, avec cette prestesse, cette grâce qui

sont un des traits distinctifs de notre caractère et de notre langue. On sentait, en l'écoutant, que rien ne lui eût été plus facile que de porter jusqu'à la causticité les pointes fines, délicates et toujours émoussées qui assaisonnaient si agréablement son langage; mais il savait toujours, causeur aimable et recherché, se rendre maître de son auditoire, l'intéresser, le charmer, et cela sans jamais blesser personne.

Il avait pour la vérité l'amour le plus vif et il osait la dire, sans détour et sans faiblesse, dès qu'il la croyait nécessaire; jamais désintéressement ne surpassa le sien; content de sa position, il n'en ambitionnait point d'autre; toujours disposé à tout sacrifier au bien de la science et aux vœux de ses amis, il poussait la générosité jusqu'à donner à ceux-ci ses pièces d'histoire naturelle les plus curieuses, dès qu'il pensait qu'elles pouvaient leur être utiles.

Or, n'est-ce pas là, ainsi que le fait observer judicieusement M. Fouchy, « n'est-ce pas là le comble de la libéralité dans un physicien à qui il est presque permis d'être avare de telles richeses. »

Jusqu'à l'âge de soixante-cinq ans, Hellot n'avait pas pensé à se marier; ses occupations, les amitiés qu'il s'était créées, l'empressement avec lequel on le recherchait partout, ne lui avaient laissé ni le temps, ni le besoin de désirer les joies du foyer domestique.

Ce ne fut que lorsqu'il put entrevoir l'approche de la vieillesse, lorsque surtout la plupart des amis de jeunesse dont il avait fait les compagnons de sa vie, lui manquèrent, les uns enlevés par la mort, les autres dispersés par ces nécessités de situation qui permettent si rarement d'arranger à son gré son existence, qu'il comprit la faute qu'il avait commise en négligeant de s'appuyer, pour traverser la vie, sur une compagne aimable et aimée, intelligente et dévouée.

Il jeta un regard découragé autour de lui et, dans sa famille, parmi les parentes éloignées dont il avait pu apprécier les qualités de cœur et d'esprit, il découvrit le trésor qu'il n'avait pas su chercher plus tôt.

Ce mariage fut heureux ; la tendresse, les soins de Mme Hellot ne furent certainement pas étrangers à la calme sérénité qui marqua les dernières années de la vie de son mari et quand vinrent les crises cruelles qui en amenèrent la fin, ce fut entre ses bras qu'il les subit.

Enfin, ce fut à cette compagne fidèle et courageuse qu'il dut encore, après sa mort, le classement des mémoires, des notes qu'il laissait ; travaux utiles et précieux pour les arts et les sciences.

MACQUER (Pierre-Joseph)

(1718-1784)

———

I

Né à Paris, le 9 octobre 1718, Macquer descendait d'un célèbre peintre écossais, qui, venu en France à la suite de Jacques Ier, s'y était fixé.

Pierre-Joseph avait un frère qu'il chérissait et qui devait lui aussi se faire un nom parmi les célébrités de l'époque. M. Lebeau, qui présida à leur éducation commune, leur inspira de bonne heure le goût des lettres que lui-même cultivait avec succès. Il remarqua, dans l'un de ses élèves, une imagination vive et brillante; dans l'autre, un esprit actif dont la marche était exacte et sûre, une curiosité sage, une méthode qui s'appliquait à tout. M. Lebeau favorisa ces heureuses dispositions pour les sciences, tandis que son autre élève s'essayait avec lui dans la carrière de l'éloquence et de l'histoire (1).

———

(1) Comme écrivain, on a de lui des travaux estimés sur l'histoire ecclésiastique et sur l'histoire romaine.

Reçu, en 1742, docteur à la Faculté de Paris, Macquer composa et soutint des thèses remaquables, il visita des malades et fit des observations précieuses, sans que cependant son nom dépassât un cercle restreint d'amis. Cette obscurité ouvre d'ordinaire les plus doux moment de la vie. Il en fut ainsi du moins pour notre jeune docteur : chéri à la maison paternelle, il y trouvait un bonheur sans mélange, grâce surtout à son intimité avec son frère.

Ils réunissaient dans leurs entretiens journaliers ce que les sciences et les lettres leur paraissaient avoir de plus curieux ; leur esprit s'enrichissait ainsi d'une double moisson et leurs âmes éprouvaient loin de toute inquiétude un charme aussi difficile à peindre qu'il était doux à ressentir.

Tel fut le commencement d'une vie paisible qu'un profond savoir illustra et dont toutes les actions furent dirigées par la vertu.

Les détails de cette vie estimable sont simples et faciles à exposer. Macquer n'a, pour ainsi dire, fait qu'une seule chose, il ne s'est livré qu'à une seule étude, celle de la chimie. On doit le louer sans doute d'avoir ainsi sacrifié tous ses goûts à un seul ; mais ce parti, quoique très sage, ne peut être pris que par le plus petit nombre de ceux qui cultivent les sciences, soit parce que la plupart, nés sans fortune et pressés par leurs besoins, ne peuvent se livrer à leur penchant, soit parce qu'il y en a quelques-uns dont l'esprit est si actif, le jugement si prompt, et le génie si vaste, qu'ils ne peuvent se concentrer dans un seul point de l'espace où ils se meuvent. Ils ne sont pas plus les maîtres de s'arrêter que les autres ne le sont de s'élancer aussi loin qu'eux, et cette supériorité qui réunit tant de talent est, quoi qu'en dise l'envie, aussi naturelle que la perfection de certains organes dont il est rare que l'on soit fier et plus rare encore que l'on soit jaloux.

Macquer peut être considéré comme historien ou comme promoteur de grandes découvertes chimiques et, sous ces deux rapports, il est nécessaire de se rendre compte de l'état de cette science à son époque.

De la soif de l'or et du désir immodéré de prolonger la vie humaine, naquit un jour la chimie ou alchimie, qui, longtemps occupée de vains projets, ne devint une science que dans les écrits de Beecher. Ce fut sans doute beaucoup pour ce savant que d'avoir réuni en un corps de doctrine les connaissances éparses et d'avoir substitué des recherches sur les éléments des corps à de ruineuses illusions. Toutefois, malgré ses grands travaux, la chimie restait embarrassée d'une nomenclature difficile et de nombreux emblèmes tirés des dieux et des astres..... Stahl continua de déchirer le voile qui couvrait encore cette science et il dissipa de plus en plus les ténèbres dont les faiseurs d'or s'enveloppaient à la manière des empiriques, qui ne craignent rien tant que le grand jour.

A cette époque, le goût des recherches chimiques se répandit en France ; l'ancienne Académie des sciences compta parmi ses membres Homberg, auteur de plusieurs découvertes importantes, et

Nicolas Lémery, dont les procédés ont inspiré tant de confiance.

Geoffroy observa quels sont les rapports et la réaction des diverses substances, et il en détermina les affinités dans une table. Grosse et Bérildac dirigèrent leurs travaux vers le perfectionnement de la pharmacie et des arts ; toutefois l'impulsion donnée allait en s'affaiblissant, lorsqu'un génie bouillant et hardi vint réchauffer tous les esprits du feu de son enthousiasme et fut le fondateur d'une école dont le souvenir honorera son siècle et sa patrie Son éloquence n'était point celle des rhéteurs ; il présentait ses idées comme la nature offre ses productions, dans un apparent désordre qui plaisait toujours, et avec une abondance qui ne fatiguait jamais. Rien ne le laissait indifférent ; il parlait avec intérêt et chaleur du moindre procédé et il était sûr de fixer l'attention de ses auditeurs, parce qu'il l'était de les émouvoir.

Lorsqu'il s'écriait : *Écoutez-moi, car je suis le seul qui puisse vous démontrer ces vérités !* » on ne reconnaissait point dans ce discours les expressions de l'amour-propre, mais les transports d'une âme exaltée par un zèle sans bornes et sans mesure.

Ennemi de la routine, il donnait des secousses utiles à ce peuple d'hommes froids et minutieux, qui, travaillant sans cesse sur le même plan et suivant toujours la même ligne, ont besoin qu'on rompe quelquefois la trame de leur uniformité. Il écrivit peu, mais il inspira des écrivains ; on recueillit ses pensées, il fit jaillir de toutes parts les étincelles de l'émulation ; il féconda, il multiplia le germe des talents et fût le père de tous les chimistes modernes.

Ce tableau n'est qu'une faible esquisse des prodiges que Rouelle a opérés parmi nous.

Macquer fut le disciple le plus célèbre de cette école illustre ; il en perfectionna la doctrine par ses travaux ; il en fut l'organe dans ses écrits et la chimie prit enfin sa place parmi les autres branches des sciences naturelles.

Rouelle fournit le creuset où les sciences furent épurées ; Macquer sût les en retirer, les classer, achever, en un mot, cette opération utile et la consacrer à la postérité qui n'oubliera point ce qu'elle doit à ces deux grands hommes.

Parmi les ouvrages de Macquer, les uns sont destinés à l'enseignement de la chimie, dont ils contiennent les éléments ; d'autres montrent les progrès et exposent la théorie de cette science ; quelques-uns l'agrandissent par des recherches nouvelles, et plusieurs en déterminent les rapports avec la médecine et avec les arts.

Laissant à Vicq-d'Azyr à qui nous empruntons à peu près textuellement cette notice (1) le soin d'entrer dans le détail de ces travaux divers, nous nous bornerons à indiquer, parmi les services rendus à la science et à l'humanité, ce qui se rapporte plus particulièrement à diverses industries, et surtout à celle qui nous occupe : l'art de la coloration des étoffes.

(1) Éloge lu à l'Académie de médecine, le 15 février 1785.

II

Nous parlerons d'abord du platine.

Parmi ces trésors qui ont été si funestes aux Péruviens, dans ces mines dont l'avidité européenne s'est emparée avec tant de fureur, on a trouvé, continue Vicq-d'Azyr, une substance métallique dont le poids égale à peu près celui de l'or qui peut s'allier avec elle sans perdre beaucoup de sa couleur. Effrayés par cette ressemblance, les propriétaires de ces riches et infortunés climats se sont efforcés d'en dérober la connaissance aux deux mondes, mais l'intérêt toujours habile à tromper l'intérêt, n'a pas permis que nous en fussions tout à fait privés et la chimie a reçu avec empressement ce nouveau tribut de la terre la plus féconde peut-être en productions utiles aux hommes et la plus maltraitée par eux ; de cette terre à laquelle il n'a manqué pour être moins malheureuse que d'avoir un sol ingrat, de contenir une pierre stérile et d'être couverte de joncs et d'épines, au lieu de ces arbres salutaires dont l'écorce répand au loin la vigueur et la santé.

Cependant, tandis que les Espagnols veillaient à ce qu'il ne sortît point de platine des États de Santa-Fé et du Pérou, des savants l'analysaient en Suède, à Londres, à Berlin et à Paris. Macquer, un des auteurs et l'historien de cette analyse, après avoir trouvé le moyen de séparer les deux métaux, dans quelques proportions qu'ils soient unis, déclare que l'Espagne n'a plus aucune raison d'interdire l'usage d'un métal dont elle seule possède des mines et qui peut être de la plus grande utilité dans les arts.

Quel contraste ! D'une part, on proscrit une substance dont on craint qu'on abuse ; de l'autre, des physiciens laborieux que cet obstacle excite au lieu de les arrêter, découvrent les moyens de la rendre profitable à la nation même qui la rejette, et ces services sont rendus à celle-ci sans qu'elle les ait demandés, sans qu'elle puisse même s'en montrer reconnaissante, autrement qu'en profitant des avis qui lui sont donnés.

III

Si maintenant nous passons de la métallurgie à la céramique, les services rendus aux arts par Macquer ne nous paraîtront pas moins importants.

Quelque avantage que ce savant trouvât à suivre ses propres idées, il ne montrait pas moins d'empressement à faire valoir celles des autres, soit en leur donnant plus d'étendue, soit en les appuyant par des démonstrations nouvelles.

Ce fut ainsi que cherchant, en 1758, une terre propre à la porcelaine, il compléta les expériences de Pots et perfectionna le fourneau mis en usage par ce chimiste... Il fit des expériences sur plus

de huit cents échantillons de terres, dont un seizième
à peine lui parut réfractaire. Il arriva à constater
que, pour avoir un résultat certain, il fallait séparer
les différentes terres argileuses de toutes matières
étrangères et les réduire à l'état de terre d'alun,
laquelle cessait d'être fusible, propriété qu'il lui
rendait à volonté en y ajoutant une certaine quantité de sable.... Le problème posé par Pots se trouvait ainsi résolu.

Comme les argiles réfractaires sont très utiles
dans les arts, Macquer s'appliqua à en décrire
exactement les espèces ; en même temps, il recherchait et découvrait la plupart des procédés employés par les potiers qui en faisaient le plus grand
mystère ; car c'est le propre de l'ignorance intéres-
sée de cacher ce qu'elle sait et de se défier de ce
que savent les autres.

En 1766 et 1767, il joignit ses recherches à celles
de Davyd, touchant l'action d'un feu violent appliqué aux terres, pierres et chaux métalliques. Ces
deux chimistes étaient également convaincus qu'il fallait se passer de soufflets, dont l'effet peut jeter du
trouble, et même de miroirs ardents, dont l'effet est
subordonné à certaines qualités des corps différentes
de leur fusibilité. Macquer imagina un fourneau à
charbon et à vent, propre aux mêmes usages que ceux
à bois et à flamme. Le succès le plus complet cou-
ronna cette entreprise. Les lumières combinées de
la physique et de la chimie produisirent ainsi un
procédé, sans lequel plusieurs expériences de la
plus grande utilité seraient restées impossibles.

C'est, en général, un objet très important et dont

on ne saurait trop s'occuper que l'invention et le perfectionnement des instruments nécessaires au progrès des sciences et de l'industrie.

L'homme n'a que deux procédés pour s'instruire : observer ou dénaturer les corps. Dans ces deux cas, la sphère de ses connaissances serait peu étendue, si elle se bornait à l'emploi de ses facultés naturelles ; c'est donc aux agents créés par son industrie qu'il doit le plaisir de voir sa curiosité s'accroître chaque jour et de pouvoir chaque jour aussi la satisfaire ; c'est par eux que tant de merveilles ont illustré la fin de ce dix-huitième siècle si mal à propos calomnié ; c'est par eux que des milliers d'animaux, de plantes et de minéraux sont décrits et classés : que la chaleur et le froid prennent une intensité nouvelle, que le mercure se gèle, que le diamant brûle et s'évapore, que des fluides incoercibles sont analysés, que la lumière et le feu se reproduisent sous des formes étonnantes et bizarres, que le tonnerre est soustrait à la nue, que le ciel s'agrandit, que de nouveaux astres sont rangés dans le système planétaire, que l'homme enfin marche sur les eaux et plane sur les mers !

Trop souvent on nous retrace nos misères, on nous effraye par le souvenir de nos pertes? Ne vaut-il pas mieux nous animer au travail par le récit des grands événements qui honorent notre temps et dont chacun de nous a été le témoin !

Nous passerons sur les nombreuses applications de la chimie faites par Macquer à la médecine et,

entrant au cœur de notre sujet, nous nous arrête-
rons, avec une complaisance que le lecteur comprendra, sur les nouveaux procédés, sur les perfectionnements dont il a doté la teinture.

IV

La chimie des arts, continue Vicq d'Azyr, est
certainement la plus ancienne que l'on connaisse, et
la teinture est un de ceux auxquels cette science
est le plus nécessaire.

Dufay a publié, au commencement du XVIIIe siècle, des recherches sur l'application réciproque de
ces deux genres de connaissances. Hellot a recueilli,
dans son traité sur la teinture des laines, des formules qu'il a perfectionnées et Macquer a consi-
gné dans plusieurs mémoires, et dans son ouvrage
sur la teinture en soie (1), des observations chimiques très importantes. Il a décrit avec le plus
grand soin les procédés de cet art utile qui lui doit
surtout deux grands services.

Avant lui, le pastel et l'indigo formaient seuls les
plus belles couleurs bleues. Il y a ajouté le bleu de
Prusse, dont, le premier, il a introduit l'usage dans
la teinture.

Au mérite d'avoir découvert et démontré que les
alcalis sont les véritables dissolvants du bleu de
Prusse, il a joint celui de rendre cette découverte

(1) *L'art de la teinture en soie,* Paris, 1763, in-folio.

utile; et il a exposé comment des étoffes préparées suivant le procédé dont il est l'auteur se teignent d'un bleu éclatant, qui surpasse autant les autres bleus, que l'écarlate surpasse le rouge garance.

La dissolution d'étain ajoutée par Drebel à la teinture de cochenille produit un rouge très vif qu'on n'avait encore employé que pour les laines, lorsque Macquer proposa de l'appliquer à la soie.

Ses expériences ne tardèrent pas à lui apprendre que la laque de cochenille obtenue par l'étain ne pouvait, une fois formée, communiquer sa couleur à la soie. Il eut alors la pensée de faire sur la soie même, et non dans le bain de cochenille, le précipité d'étain. La terre métallique se joignant alors à la partie colorante y adhère fortement et sa couleur s'exalte par la portion d'acide qu'elle retient.

C'est ainsi que la soie prit, sous la main de Macquer, le rouge vif, dont personne encore n'avait pu l'imprégner. Ainsi ces riches couleurs, ces tissus éclatants, si souvent consacrés à parer l'ignorance et l'orgueil, sont des présents faits par les sciences au luxe des peuples qui, fiers de porter leurs livrées et comblés de leurs bienfaits, ne doivent jamais oublier qu'ils tiennent d'elles les divers instruments de leur amour-propre, de leur fortune et de leur gloire (1).

______

(1) On doit encore à Macquer des essais sur les matières d'or et d'argent qui ont servi de bases aux règlements encore aujourd'hui en vigueur. Après avoir exactement défini la nature de la gomme élastique ou caoutchouc, il trouva le moyen de la fondre en une membrane souple et élastique.

..... Patient autant qu'il était curieux, Macquer avait fait avec docilité tous les apprentissages nécessaires; son instruction, ses talents furent toujours utilement employés par le gouvernement aussi bien que par les sociétés savantes auxquelles il appartenait.

Non seulement Louis XV le chargea de diriger la manufacture de porcelaine de Sèvres, dont la perfection est en partie son ouvrage, mais encore il lui confia l'examen des objets relatifs au commerce sur lesquels la chimie pouvait avoir quelque influence. Jamais on ne donna de bons avis avec plus de modestie; jamais on ne fut juste avec plus de douceur. Il n'était peut-être pas impossible de le tromper; mais il l'était qu'il trompât personne; et si quelquefois on l'a séduit, ce n'a jamais été qu'en excitant sa pitié par le tableau de la misère.....

Il ne nous reste qu'à mentionner l'ouvrage qui a le plus contribué à la réputation de Macquer et à l'avancement de la chimie, c'est-à-dire son *Dictionnaire*, qui, malgré les complètes transformations de la science dont il traite, est resté justement célèbre.

Macquer, enfin, était un des rédacteurs du *Journal des Savants*, lequel était alors le plus ancien, le mieux fait et peut-être le moins lu de tous ceux qu'on publiait, assure Vicq-d'Azyr.

V

Les contrariétés de toutes sortes dont la vie des hommes utiles abonde, ne furent mêlées qu'une seule fois, pour Macquer, d'un chagrin très vif. Ce chagrin fut causé par la mort de son frère.

En plus de l'amitié qui les avait toujours unis, un lien puissant s'était formé entre eux; leurs goûts s'étaient confondus, et, pendant les dernières années de sa vie, l'écrivain érudit était devenu le témoin et quelquefois le coopérateur des recherches de l'infatigable savant; on prétend même qu'il fut son collaborateur pour la rédaction du *Dictionnaire de chimie.*

Quoi qu'il en soit, ce deuil fut cruel et profond pour Macquer; il aurait eu de la peine peut-être à ne s'en point laisser accabler s'il n'eût trouvé à son foyer domestique les consolations, — nous oserons dire les compensations qui, seules, sont de quelque poids pour les âmes tendres et dévouées.

Macquer avait épousé, en 1748, une jeune fille appartenant à une famille honorable mais ayant peu de fortune. Ce mariage fut fort combattu par la famille de l'illustre savant et même par ses amis, et il eut à subir, à ce sujet, des observations, des persécutions même, dont il eût toute sa vie à se féliciter de n'avoir pas tenu compte.

..... Quelques amis, beaucoup de travaux, une femme qu'il chérissait et qui était digne de cette tendresse, deux filles qui, sous la direction de leur mère, grandissaient à son foyer, ces biens, précieux entre tous, remplissaient sa vie.

On le voyait peu dans le monde, où il était moins connu que ses ouvrages, et la considération dont il jouissait n'en était que plus grande. Il est rare, en effet, que l'on soit content de la personne dont on admire les écrits, soit parce qu'on en exige trop, soit parce que l'on aime à surprendre quelque défaut dans ceux dont on est contraint d'ailleurs de reconnaître la supériorité. Les hommes célèbres accordent trop souvent à d'inutiles visites, à d'ennuyeuses invitations, des heures dérobées à leur gloire, ou au moins à leur repos. Ils ne savent pas assez que l'empressement qu'on leur témoigne n'est que de pure curiosité.....

Macquer n'eut pas à réfléchir beaucoup pour fuir ce tourbillon, dont son goût naturel l'éloignait. Ses seuls délassements étaient les séances de l'Académie des sciences, auxquelles il était très assidu. Là, toutes les routes de l'expérience sont ouvertes; toutes les portes sont fermées aux prestiges; là, se tiennent les conseils d'une république qui est toujours en guerre avec l'erreur, et dont les différentes hiérarchies s'offrent l'une à l'autre un spectacle digne d'elles par la multiplicité des faits, par la variété des résultats et par l'intérêt qui s'attache toujours à la recherche du vrai.

Les séances de la Société Royale de médecine étaient aussi pour Macquer une source de délassements et de plaisirs. Il s'y montrait toujours prêt au travail, acceptant les commissions les plus compliquées par leurs détails et donnant à chacun l'exemple de l'émulation et du zèle.

Bien qu'il eût l'apparence et la fraîcheur de la santé, bien que le calme et la sérénité fussent peints sur ses traits, il éprouvait depuis longtemps les effets d'une révolution de tempérament qui devait lui être funeste. Des migraines souvent répétées, des défaillances, des palpitations très fréquentes l'attaquaient de la manière la plus imprévue et le forçaient à interrompre son travail.

Après avoir inutilement essayé de combattre ces indispositions par tous les remèdes connus en médecine, il prit une résolution à laquelle peu d'hommes savent se résigner, celle d'attendre l'événement en silence, et d'opposer une vie sage et modérée aux dangers d'une constitution vicieuse et souffrante; mais il exigea que ce secret fût concentré entre Mme Macquer et lui. Il lui suffisait qu'elle l'écoutât et qu'elle le plaignît.

Les véritables consolations viennent du cœur; celles de l'esprit et des paroles ne font qu'empirer la douleur et augmenter l'ennui. Au commencement de l'année 1784, les palpitations redoublèrent; en février, elles devinrent excessives et l'infiltration des extrémités en furent la suite. Il parlait tranquillement de son état à ses confrères, mais il aurait voulu en dissimuler la gravité à sa femme et à ses enfants. Mais le cœur a des révélations qui ne le trompent point; malgré leur inexpérience de la maladie, Mme Macquer et ses filles ne se firent pas longtemps illusion. Macquer mêla ses larmes aux leurs et il éprouva tout ce que l'affection la plus tendre peut nous faire ressentir de déchirant et de doux en nos derniers instants. Il mourut le 15 février 1784.

Toujours préoccupé des principes de la science et des intérêts de l'humanité, il voulut servir encore la société après sa mort. Il enjoignit à sa famille de faire ouvrir son corps et recommanda à ses confrères d'étudier, dans ses propres organes, les causes d'un dépérissement et d'une fin douloureuse, qu'ils pourraient avoir plus tard à reconnaître et à combattre chez d'autres.

Ce vœu fut rempli et il se trouva que l'ossification et le rétrécissement de l'aorte dans son origine avaient été les causes de ses longues souffrances.

BERTHOLLET

(1748-1822)

I

Quelque grande, quelque heureuse qu'ait été la carrière de Berthollet, dit Cuvier, dans son éloge du grand chimiste (1), éloge dont, selon le plan que nous avons adopté et qui a pour but de faire connaître l'esprit et le style des hommes les plus remarquables de la science, en même temps que la vie de ceux de leurs confrères dont ils consacrent le souvenir, nous allons reproduire à peu près textuellement les principaux passages, son histoire n'en est pas moins uniforme et toute scientifique.

Témoin des événements les plus surprenants, porté par eux dans des climats lointains, élevé à de grandes places et à des dignités éminentes, tout ce monde extérieur fut peu de choses pour lui, en comparaison de la vérité, ou même d'une

(1) Éloge historique lu à l'Académie des sciences le 7 juin 1824.

vérité. Simple particulier, académicien, sénateur, pair de France, il n'existe que pour méditer et pour découvrir.

La science fait naître à chaque instant dans ses mains de ces procédés avantageux, de ces industries fructifiantes qui enrichissent les peuples, mais ce n'est point pour ces applications faciles qu'il la poursuit ; c'est pour elle seule. Dans l'invention la plus utile, il ne voit qu'un théorème de plus, et, dans ce théorème, qu'un échelon d'où il s'efforce d'apercevoir et d'atteindre un théorème plus élevé.

La France n'était pas la patrie de ce puissant génie (1), il ne lui appartenait que par l'accueil qu'elle lui fit comme à Cassini, à Winslow, à Lagrange, et à tant d'autres hommes illustres, dont la gloire est devenue pour nous une propriété nationale.

Il était né à Talloire, près d'Annecy, en Savoie, le 9 décembre 1748. Ses études commencées à Chambéry se continuèrent au collège des Provinces de Turin, institution des plus recommandables due à ce sage législateur, Charles-Emmanuel III, et dont le Piémont a tiré la plupart des hommes de talent, auxquels il a dû un poids dans la balance de l'Europe, et un rang dans les républiques des lettres, si supérieurs à ceux que l'on devait naturellement attendre de son étendue et de sa population.

A même, comme ses camarades, de choisir parmi

---

(1) D'après les biographes les plus autorisés, Berthollet appartenait à une famille d'origine française bien qu'établie en Savoie depuis plusieurs générations.

des carrières dont quelques-unes pouvaient le conduire aux plus. hautes dignités de l'Église ou de
l'État, Berthollet s'en tint à la plus modeste : il
s'attacha à la médecine, moins encore pour les
avantages qu'elle pouvait lui offrir, que par l'attrait
irrésistible qui l'entraînait déjà vers les sciences
sur lesquelles elle repose.

Ce même attrait, aussitôt qu'il eut pris ses degrés, le fit accourir à Paris, seule ville où il crût
pouvoir satisfaire à son aise la passion qui le
dominait.

Il n'y avait ni connaissances, ni recommandations,
mais le célèbre médecin genevois Tronchin, membre étranger de l'Académie des sciences y jouissait, au plus haut degré, de la faveur publique ; et le
jeune Savoisien pensa que, né si près de Genève,
ce voisinage l'autorisait à se réclamer de ce demi-
compatriote. Son assurance ne fut pas trompée.
Prévenu par son air franc et sa tournure réfléchie
et s'attachant à lui à mesure qu'il le connût davantage, Tronchin en fit, en quelque sorte, son enfant
d'adoption. Pour lui assurer d'abord une existence
tranquille, il engagea le duc d'Orléans, Louis-Phi-
lippe, aïeul du duc actuel, près duquel il pouvait
tout, à le prendre pour l'un de ses médecins ordinaires.

Ce n'était point le détourner des sciences que de
le placer dans une maison où elles étaient héréditaires. Le régent avait travaillé personnellement
aux expériences de chimie de Homberg ; son fils
s'était beaucoup occupé de minéralogie et Guc-
tard qui l'avait secondé était demeuré au service

de son successeur. Ces exemples encourageaient Berthollet. Bien convaincu qu'il n'aurait pas besoin des moyens ordinaires dans les cours, pour conserver la faveur que son ami venait de lui procurer, il s'était fait naturaliser ; il se livra aussitôt et tout entier aux travaux, dont la succession a rempli cinquante années de la vie la plus active.

Vers cette époque avait commencé, dans la chimie, l'espèce de fermentation qui en a changé le système et le langage. Lavoisier, excité par les observations nouvelles sur les airs et les rapprochant de faits anciennement constatés sur les calcinations, que l'école de Bontemps avait presque mis en oubli, s'était convaincu de la nécessité d'abandonner la théorie dominante. Il en cherchait une meilleure, avec cette inquiétude naturelle à un esprit dont le caractère distinctif est de vouloir se rendre clairement compte de chaque chose.

Recueillant soigneusement les nouveaux faits, s'efforçant d'en multiplier le nombre par ses propres travaux, Berthollet dirigeait surtout son attention vers ceux à l'aide desquels il espérait ouvrir quelque issue au labyrinthe où les chimistes s'étaient enfoncés. Enfin, en 1775, il saisit, presque subitement, dans quelques expériences de Bayen et de Priestley, le point précis que, depuis longtemps, il cherchait et que ces laborieux opérateurs n'apercevaient pas eux-mêmes, et il prononça contre le phlogistique de Stahl un arrêt irrévocable.... Toutefois sa conversion complète, c'est-à-dire sa pleine adhésion au système formulé par Lavoisier ne date que de 1785..... Ainsi, — remarque digne d'être consignée, — il fallut dix années à Lavoisier pour ramener à lui, même dans ce que sa doctrine avait d'incontestable, un des hommes les plus dignes de l'entendre. Berthollet, du reste, devait éprouver, par une sorte de talion, un sort semblable.

En 1787, ayant reconnu que l'acide prussique ne contenait point d'oxygène, ce qui démontrait que l'oxygène n'est pas le principe nécessaire de l'acide comme on l'avait admis, il vit les esprits dominés par la nouvelle théorie, devenue déjà despotique, se refuser à admettre cette vérité... Un nouveau travail, fait neuf ans après, sur l'hydrogène sulfuré ne suffit point à les convaincre, et il a fallu les belles expériences de Thenard et Gay-Lussac, les vues élevées d'Ampère et toute la force de logique de Davy pour que l'on permît à la chimie de faire ce nouveau pas.

De pareils exemples doivent consoler bien des amours-propres. Ce que nous désirerions surtout, ce serait qu'on se mît en garde contre une résistance naturelle à l'esprit humain qui, sans doute, a été utile quelquefois, en repoussant de vains systèmes, mais qui, en maintes occasions, a opposé aux progrès des sciences, des obstacles plus durables que ceux dont nous venons de parler.

II

Berthollet était académicien avant cette époque. Il avait été élu en 1780, à la place de Bucquet et de préférence à Fourcroy, à Quatremère et à d'autres concurrents qui ont été admis plus tard.

Il avait eu moins de succès dans un autre concours. Buffon, en 1784, lui avait préféré Fourcroy pour la chaire vacante au Jardin du Roi par la mort de Macquer. Quoiqu'il en soit des critiques soulevées par cet incident, Buffon et l'Académie firent chacun ce qu'ils devaient.

Berthollet fut porté à l'Académie parce qu'il enrichissait la science par des recherches profondes et Fourcroy fut nommé professeur parce que le charme inexprimable attaché à son élocution le rendait plus capable qu'un autre d'en inspirer le goût et d'en propager l'étude. Ce sont vraiment ses leçons continues et multipliées pendant trente ans, suivies par des milliers d'auditeurs, qui ont rendu la chimie populaire. Berthollet, peu méthodique dans ses mémoires, peu disposé à se mettre à la portée des commençants et qui n'avait aucune facilité à parler, la servait dans son laboratoire, mais ne l'aurait jamais répandue ; on en eut la preuve, en 1795, lorsqu'il fut chargé de l'enseigner à l'école normale. Le respect que cette grande assemblée portait à son génie ne put faire illusion sur l'obscurité et le peu d'ordre de ses expositions ; on eût dit que, toujours maître de sa matière, pouvant à volonté la prendre par tous ses points, il supposait dans ses auditeurs la même capacité ; et c'est toujours de la supposition contraire qu'un professeur doit partir.

Cependant Berthollet obtint une des places

qu'occupait Macquer, celle de commissaire du gouvernement pour les teintures et, en cela encore, justice fut faite et un grand service fut rendu au public. Il s'occupa aussitôt d'appliquer au perfectionnement de cet art les progrès récents de la chimie et, dès son début, il l'enrichit d'un procédé dont les avantages ont été incalculables.

Scheele avait observé que l'acide muriatique déphlogistiqué, comme on le nommait alors, ou le chlore des chimistes d'aujourd'hui, jouit de la propriété de détruire les couleurs végétales. Berthollet pensa à tirer partie de cette expérience pour le blanchiment des toiles, en y appliquant simplement cet acide. La toile blanchit à la vérité, mais sa blancheur ne se conserva point. Il dut donc se livrer à des études et à des expériences plus approfondies. Réfléchissant que les procédés ordinaires du blanchiment, ces alternatives de lessive et d'exposition à l'air et à la lumière, ne pouvaient avoir pour but que de rendre solubles et d'enlever les substances du sel, il conçut l'idée que l'acide muriatique déphlogistiqué qui agit à la fois comme l'air et comme la lumière, pourrait faire, en peu de temps, ce que ces agents naturels ne font qu'en plusieurs mois; mais que, pour compléter son effet, il était nécessaire de combiner son action avec celle des lessives. C'est alors que naquit un art tout nouveau et d'un produit immense.

Le chlore ne blanchit pas seulement avec plus de rapidité; il donne un plus beau blanc; exigeant moins de lessive, il ne fatigue pas tant les étoffes; il rend à l'agriculture les grandes prairies sur lesquelles on étendait les toiles ; il s'applique à des toiles déjà peintes et qui ont mal réussi, ou qui ont passé de mode, aussi bien qu'à des toiles écrues, et, comme tous les agents énergiques, ce n'est pas aux toiles seules que son pouvoir s'étend.

Born l'a employé à blanchir la cire. Chaptal s'en est servi pour rendre leur fraîcheur aux vieux livres, aux estampes enfumées ; il l'a mêlé à la pâte de chiffons et a donné ainsi le moyen de faire des papiers très blancs avec les matériaux les plus communs. Aussi, en peu d'années, son emploi est-il devenu universel et tellement populaire qu'il a introduit de nouveaux mots dans le langage usuel. Personne n'ignore aujourd'hui ce que c'est qu'une blanchisserie berthollienne. On dit même dans les ateliers bertholler, berthollage ; on y entretient des ouvriers qu'on appelle bertholleurs.

Rien ne met plus authentiquement le sceau au mérite d'une découverte.

C'est la seule récompense qu'en ait tirée l'auteur et il n'en désira point d'autres. Toujours étranger à ce qui n'était pas la science elle-même, il ne prit même pas d'intérêt dans les fabriques élevées sur ses découvertes. Les Anglais, qui les mirent les premiers en usage, voulurent lui marquer leur reconnaissance par de beaux présents. Tout ce qu'il accepta fut un morceau de toile blanchi par son procédé.

En étudiant sous toutes ses faces cet agent singulier du blanchiment, ce chlore, cet acide muriatique déphlogistiqué ou oxygéné, Berthollet fit encore une découverte bien remarquable : celle

d'une combinaison qu'il appela *acide muriatique
suroxygéné;* c'est l'acide chlorique de nos chimistes actuels, mêlé à un corps combustible. Ces
sels détonnent bien plus facilement que le nitre,
bien plus aisément aussi, car il suffit de les frapper. On proposa d'en substituer au nitre dans la
composition de la poudre : cette poudre serait terrible, mais elle est beaucoup trop dangereuse. La
première fois que l'on voulût en faire, à Essonnes,
le choc du pilon la fit éclater, le moulin sauta et
cinq personnes furent victimes de l'essai. On n'a
plus osé le renouveler .

Il existe cependant une composition moins
effrayante, et c'est aussi Berthollet qui, le premier,
l'a observée et décrite. C'est l'argent fulminant
qui s'offrit à lui pendant ses recherches sur l'alcali
volatil et qu'il a fait connaître en 1788. Depuis
longtemps, on possédait l'or fulminant qu'une légère chaleur fait éclater avec fracas, mais il n'approche pas de l'argent fulminant ; sur celui-ci, le
plus léger contact produit une détonation épouvantable. Une fois la préparation faite, on est presque
condamné à n'y plus toucher, le moindre grain
resté dans un vase peut tuer celui qui le frotterait et cependant on n'a pas laissé que de tirer
partie d'une composition imitée de celle-là, le mercure fulminant d'Howard que l'on emploie à amorcer les fusils de chasse.

En 1790, Berthollet réunit toutes ses recherches
sur la teinture dans un ouvrage élémentaire en
deux volumes. Il y offre une théorie générale des
principes de cet art. La doctrine des matières

colorantes et de toutes les modifications qu'on peut leur faire subir, celle des mordants nécessaires pour les fixer y sont exposées en détail ; ce que l'on connaissait de plus avantageux alors y est expliqué, et, ce qui vaut mieux encore, on y trouve des idées qui peuvent conduire à découvrir des pratiques plus simples ou plus efficaces. Ce livre est devenu le manuel de tous ceux qui pratiquent les arts qu'il enseigne ; pour en apprécier les effets, il suffirait de dire que l'Asie, qui seule nous envoyait autrefois des toiles bien colorées, en a reçu les notions aussitôt que les procédés contenus dans cet ouvrage ont prévalu dans nos manufactures.

III

Ces phénomènes singuliers, ces applications de la science à la pratique, avaient fait de Berthollet, lorsque les guerres de la Révolution éclatèrent, le chimiste le plus connu du public après Lavoisier. Il était donc presque impossible que l'on ne recourût pas à lui, au moment où la chimie devint pour la guerre un auxiliaire de première nécessité et lorsqu'il fallut demander à notre sol, le salpêtre, la potasse et jusqu'aux matières colorantes ; lorsqu'il fallut apprendre à faire en quelques jours toutes les opérations des arts.

On n'oubliera jamais cette prodigieuse et subite activité qui étonna l'Europe et arracha des éloges même aux ennemis qu'elle arrêta ; Berthollet et son ami Monge en furent l'âme. C'était d'après leurs instructions que cet immense mouvement était dirigé. Les chimistes que l'on chargeait des essais devenus nécessaires pour tant de procédés nouveaux ne travaillaient que sur leurs indications, et l'on dit que, s'ils avaient voulu suivre tous les secrets qui se révélèrent à eux, des moyens destructifs plus intenses qu'aucun de ceux que l'on possède, seraient sortis de leurs laboratoires (1).

Il ne faut pas croire que l'emploi de ces sortes d'inventions soit en définitive aussi nuisible à l'humanité que ses effets sont effrayants ; c'est tout le contraire. Non seulement la science, en donnant ce genre de défense aux peuples civilisés, a été l'égide la plus puissante de la civilisation ; non seulement ce n'est que depuis qu'elle est devenue un des éléments essentiels de l'art de la guerre qu'elle peut compter sur la protection de tous les gouvernements ; mais, quelque paradoxale que l'assertion puisse paraître, il serait aisé de prouver que les moyens de destruction que la science fournit, en rendant les

____

(1) Les moyens destructifs employés alors ont été singulièrement multipliés et développés depuis, ce qui n'empêche pas que le même fait s'est produit pendant la guerre de 1870-1871 : on sait avec quelle ardeur et quel talent nos grands chimistes, nos célèbres physiciens se sont occupés, pendant cette douloureuse période, des moyens de défense nationale, tant sous le rapport des munitions que de l'alimentation (siège de Paris) ; ces travaux ont amené, en outre des résultats dont on s'est servi, la découverte de moyens de destruction que, par humanité, on n'a pas osé employer.

combats plus décisifs, ont rendu les guerres moins fréquentes et moins meurtrières.

Pour Berthollet, ce qu'il voyait surtout dans ces développements extraordinaires de l'industrie humaine, excitée par les plus grands intérêts, c'étaient des expériences chimiques faites sur une plus vaste échelle..... Il avançait ainsi dans sa grande théorie des affinités, qui se développa tout à fait dans son esprit, lorsque l'Égypte, dans le même ordre d'idées qui l'occupait, lui offre des phénomènes encore plus caractérisés.

Bonaparte avait, en 1796, connu Berthollet en Italie, où l'avait envoyé le Directoire, et il avait pris plaisir à une simplicité de manières qui s'alliait à tant de profondeur dans les idées. Pendant le séjour de quelques mosi qu'il fit à Paris, après le traité de Campo-Formio, il voulut employer ses loisirs à recevoir de lui des leçons de chimie ; il lui fit confidence de son projet d'expédition en Égypte et lui demanda, non seulement de l'y accompagner, mais de choisir des hommes capables de le seconder par leurs talents dans une entreprise où toutes les connaissances pouvaient trouver de l'emploi.

On conçoit aisément à quel point devait plaire à un homme tout chimiste, l'idée de visiter à son aise la patrie de la chimie, le pays même dont la science a emprunté son nom, celui où Hermès-Trismégiste en avait, disait-on, gravé tous les secrets en caractères mystérieux sur des monuments indestructibles.

Mais ces motifs qui auraient infailliblement ins-

piré le même enthousiasme à beaucoup de ceux
qu'il devait recruter, il ne lui était pas permis de
les révéler. Le lieu de destination devait rester un
secret , et tout ce qu'il put dire à ceux qu'il enga-
geait était : — *Je serai avec vous.* Ces paroles suffirent. De la part d'un homme d'une probité et d'une
franchise aussi connues, elles ne permettaient pas
d'hésitation, et c'est sur elles que se forma cette
noble association à laquelle, pour la peindre d'un
mot, on doit la grande description de l'Égypte !

Cependant si les caractères mystérieux d'Hermès
devaient rester, pour lui, lettre close, la nature,
dans ce pays extraordinaire, parle un langage particulier que Berthollet sut entendre.

Les petits lacs placés à l'entrée du désert et
célèbres déjà dans l'antiquité par le natron ou
carbonate de soude, dont ils sont des mines inépui-
sables, attirèrent toute son attention. C'est du mu-
riate de soude, c'est-à-dire du sel ordinaire qui,
en se décomposant sans cesse, fournit continuelle-
ment autant de carbonate de soude que l'on vient en
enlever ; et cependant il ne se trouve à la portée du
sel que du carbonate de chaux, de la pierre cal-
caire qui, dans les circonstances ordinaires, ne possède point la force propre à opérer cette décomposition, mais qui la prend, lorsque à une température
donnée, l'eau salée filtre au travers de ses pores. La
grande quantité relative de la chaux donne donc
ici plus d'intensité à son action chimique : l'acide
ne demeure pas exclusivement attaché à la base
pour laquelle il a le plus d'affinité, à la soude ; il
se partage entre elle et cette autre base que

la nature nous présente en grande masse, la chaux. C'était encore un effet de ce balancement de forces déjà observé dans les dissolutions du salpêtre, un nouveau pas dans cette appréciation des causes, bien plus compliquées que l'on ne croyait, qui opèrent dans les phénomènes chimiques.

C'était aussi un pas de plus dans un des arts les plus utiles à la société, art que Leblanc avait déjà mis en pratique, mais qui, depuis le retour d'Égypte, a pris, en France, une extension surprenante, je veux parler de la décomposition du sel marin pour en extraire de la soude.

Le sel marin, que la nature nous donne avec tant de prodigalité, ayant la soude pour base, pouvait en fournir des quantités immenses ; mais, tant que l'on n'avait point appris à l'extraire, toute celle qu'exigent nos verreries et nos savonneries nous venait à grands frais de l'étranger, où on la tirait de la cendre des plantes qui croissent sur les bords de la mer et qui décomposent le sel marin par la puissance de la végétation.

Aujourd'hui des procédés analogues à ceux que la nature emploie en Égypte, ou d'autres qui produisent les mêmes effets, nous donnent à la fois, et aussi abondamment qu'on le veut, toute la soude nécessaire à nos fabriques de verre, de savon, et à nos lessives, et tout l'acide muriatique qui peut s'employer dans nos blanchisseries. On a calculé à plus de 40 millions le bénéfice que la seule extraction de la soude procure à notre commerce.

Mais Berthollet était accoutumé à répandre, en se jouant, ces sortes de bienfaits. Ce qui le préoccupait, lui, c'étaient ses vues sur les lois de l'affinité sans cesse présentes à son esprit et que ces dernières observations mûrirent à son gré.

Soumises d'abord en esquisse à l'Institut du Caire, publiées sous une forme plus étendue en 1801, dans les mémoires de l'Académie des sciences, appuyées sur un grand nombre de faits et d'expériences nouvelles, elles ont produit enfin, en 1803, la *Statique chimique*, cet ouvrage si capital, mais en même temps si abstrait, dont le titre même annonce l'objet.

Il s'agit, en effet, de ce balancement, de cette espèce d'équilibre entre les forces qui maintiennent l'état d'un composé et de celles qui tendent à en séparer les éléments.

L'analyse de cet important travail échappe, en même temps, à notre compétence et au but que nous poursuivons dans notre ouvrage.

Nos lecteurs nous permettront donc de quitter le savant pour nous occuper de l'homme.

IV

Peu d'hommes célèbres, continue Cuvier, pourraient fournir une aussi longue suite de services rendus à la société, et mériter plus justement les hommages de la postérité.

Lorsqu'on est entouré d'un tel cortège et qu'on a une place ainsi assurée dans l'opinion et dans la reconnaissance publique, il n'est pas difficile de

conserver le calme de l'esprit et de n'être point
troublé par les choses du dehors.

C'est de cette tranquillité que Berthollet a joui
peut-être plus qu'aucun homme dans sa position.
Toujours prêt à remplir ses devoirs, toujours courageux, mais toujours désintéressé, ce qui lui arriva
d'heureux ne fut point provoqué par sa sollicitation,
et son propre avantage ne le retint jamais quand il
lui fut possible d'empêcher le mal d'autrui.

Dans le temps où la Terreur régnait en France, il
ne craignit point de dire la vérité à ceux dont un
mot donnait la mort, et l'affection qu'à une autre
époque lui montra l'homme qui distribuait des cou-
ronnes ne l'engagea point à lui faire la cour.

Peu avant le 9 thermidor, un dépôt sableux, trouvé dans des barriques d'eau-de-vie destinées à l'armée, fit avancer qu'on avait voulu faire périr les
soldats, et déjà nombre d'individus étaient dans les
fers et attendaient leur sentence. Berthollet chargé
d'analyser cette eau-de-vie prouva, dans un rapport
raisonné, qu'elle ne contenait rien de nuisible.....

Le Comité de salut public, dont ce rapport déran-
geait les plans, fait venir l'auteur : — Comment
oses-tu soutenir, lui dit-on, que cette eau-de-vie que
l'on voit si trouble ne contient point de poison?

Pour toute réponse, Berthollet en avale un verre
en disant : — Je n'en ai jamais tant bu !

— Tu as bien du courage, s'écrie un des membres
du Comité.

— J'en ai eu davantage quand j'ai écrit mon
rapport.....

Peut-être cette conversation ne se fût-elle ter-

minée qu'au tribunal révolutionnaire, si l'on avait
eu moins besoin des services du courageux savant.

Jamais épithète ne fut mieux justifiée que celle
que nous venons d'employer.

Tous les genres de courage lui étaient fami-
liers.

En Égypte, Monge et lui ne s'exposaient pas
moins que les militaires de profession : ils se mon-
traient partout, leurs noms étaient devenus célèbres dans l'armée et l'on était si accoutumé à les
prononcer ensemble que beaucoup de soldats
croyaient qu'ils n'en faisaient qu'un et ne dési-
gnaient qu'un seul homme ; un homme que, même
en le respectant, ils n'aimaient pas trop, parce que
c'était lui, disaient-ils, qui avait donné au général
l'idée de venir dans ce maudit pays. Son courage
devenu bientôt légendaire ne les encourageait pas
moins à lutter entre eux de bravoure ; on raconte
entre autre que, remontant un jour le Nil dans une
barque que les Mamelucks fusillaient de terre, on
le vit choisir tranquillement les plus petites parmi
les pierres qui formaient le lest de l'embarcation
et en remplir ses poches :

— Que faites-vous là ? lui demanda quelqu'un.

— Je prend mes mesures pour couler si je suis
tué, afin que ces barbares ne maltraitent pas mon
corps.

La peste dont il était plus permis de s'effrayer
que des Mamelucks ne l'émut pas davantage ; il
n'eut pas seulement le courage de la braver, il eut
celui de ne pas vouloir en méconnaître les symp-

tames avant-coureurs, lorsque, pendant l'expédition de Syrie, le général cherchait à se dissimuler à lui-même, et à cacher à ses soldats, ce funeste secret.

Sa franchise lui attira, dans un conseil, les plus violents reproches. Il répondit avec son sang-froid ordinaire :

— Dans huit jours je ne serai malheureusement que trop vengé.

En effet, l'entreprise sur Acre ayant échoué et la contagion faisant chaque jour de nombreuses victimes, une nouvelle retraite put seule sauver ce qui restait de l'armée ; pendant cette retraite, Berthollet ayant cédé son carosse à des officiers généraux blessés, dut traverser à pied vingt lieues de désert. Il fit ce chemin comme il aurait fait une promenade.

Rien ne plait davantage que cette résignation dans la souffrance ; Bonaparte sut l'apprécier et devint inséparable de Berthollet ; il le prit avec lui et l'embarqua à l'improviste pour ce retour qui devait produire en France une si prompte révolution.

Dans cette immense puissance où il fut bientôt porté, au milieu de ce tourbillon qui ne lui permettait de prendre de rien une connaissance approfondie, son chimiste d'Égypte était devenu pour lui une sorte de savant officiel ; et si quelqu'un ne lui faisait pas sur un sujet scientifique une réponse assez précise à son gré, il avait coutume de dire, et quelquefois avec humeur : — *Je le demanderai à Berthollet.* Il s'était habitué à placer toutes les découvertes chimiques sur sa tête, et il a fallu plus

d'une fois que Berthollet, qui ne voulait point se
parer du bien d'autrui, lui répétât les noms des véritables auteurs.

En de telles circonstances, un peu d'assiduité
l'aurait conduit à une aussi haute fortune qu'aucun
des autres amis du nouveau maître. Ce fut le moment qu'il prit pour se confiner à la campagne.
Tous ses contemporains ont été témoins de sa
répugnance pour le métier de courtisan et comment on lui fit, presque malgré lui, sa part dans les
magnifiques récompenses du temps.

Nommé successivement administrateur des mon-
naies, sénateur, grand officier de la Légion d'honneur, titulaire de la sénatorerie de Montpellier,
grand-croix de l'ordre de la Réunion, il conserva
toujours, et les mêmes manières, et les mêmes
amis.

Sa vanité ne fut pas mise en jeu plus que son
ambition. Lorsque ceux qui se trouvaient dans une
position élevée reçurent des titres et des insignes
héréditaires et que chacun s'efforçait de faire placer dans ses armoiries quelques emblèmes des
faits dont il tirait le plus de gloire, il ne voulut mettre dans la sienne que son chien, emblème de
l'amitié et de la fidélité.

Aussi était-ce au milieu de l'amitié qu'il vivait
dans sa retraite, mais d'une amitié encore toute
chimique. Il y avait construit un laboratoire, où il
se plaisait à former à la science des jeunes gens
dont il avait pressenti le mérite, et plus d'un chimiste,
plus tard renommé, lui a dû le première direction
de son génie. Il y exerçait une noble hospita-

lité envers les savants étrangers et même envers ceux d'entre eux qui avaient le plus combattu ses idées, car il possédait, par-dessus tout, cette qualité plus rare encore que le courage et que la modération dans les désirs, de ne point repousser la vérité quand elle lui venait d'autrui.

On a vu un homme célèbre, qui avait été un de ses antagonistes les plus ardents et qui ne l'abordait pas sans quelque embarras, surpris et pénétré jusqu'aux larmes de l'accueil que lui fit le vieillard illustre.

..... Il ne fallait rien moins qu'un immense chagrin domestique pour altérer le bonheur d'un tel homme ; et comme s'il ne devait point y avoir d'existence exempte de revers, il en éprouva un, et des plus cruels : la mort de son fils unique arrivée dans des circonstances déchirantes.

Dès lors toute gaité fut perdue pour lui ; pendant le peu d'années qu'il survécut, son air morne et silencieux contrastait péniblement avec ses habitudes antérieures ; on ne le vit plus sourire ; quelquefois une larme s'échappait malgré lui : une discussion importante de physique ou de chimie, quelque expérience, neuve et riche en conséquences, pouvait seule fixer assez ses idées pour le distraire de sa douleur.

Sa dernière maladie fut de celles qui surprennent et désespèrent toujours la médecine. Un ulcère charbonneux, venu à la suite d'un fièvre légère, le dévora lentement, pendant plusieurs mois, mais sans lui arracher un mouvement d'impatience.

Cette mort qui arrivait à lui par le chemin de la

douleur, dont, comme médecin, il pouvait calculer les pas et prévoir le moment, il l'a envisagée avec autant de constance que les souffrances du désert ou les menaces des barbares.

Elle le frappa le 6 novembre 1822.

CHAPTAL (Jean-Antoine, Comte)

(1756-1832)

I

Jean-Antoine Chaptal naquit à Nogaret (Lozère)
le 5 juin 1756. Sa famille comptait parmi les plus
anciennes et les plus respectées du pays. A l'âge
de dix ans, il s'en sépara pour entrer au collège de
Mende où de rapides progrès signalèrent bientôt
ses heureuses dispositions.

Un de ses oncles, médecin renommé de Montpellier, fut instruit de ces progrès. Il n'était point
marié ; un pressentiment secret l'avertit sans doute
que, dans cet enfant, dont il apprenait alors les
premiers succès, se trouverait un jour l'héritier
qui manquait à son nom et à sa fortune, et, dès ce
moment, il lui voua toute son affection.

Du collège de Mende, le jeune Chaptal passa à
celui de Rodez où l'attendaient des succès plus
brillants encore et qui le furent à ce point qu'il est
permis de dire qu'ils y marquèrent une véritable
époque. Il fut décidé que la chambre qu'il avait

occupée ne le serait plus désormais que par l'élève qui aurait remporté les premiers prix et on lit, dans les notes laissées par Chaptal que « de tous les honneurs de sa vie, aucun ne l'a plus vivement flatté. »

Ses études terminées au collège, Chaptal se rendit auprès de cet oncle qu'il ne connaissait encore que par ses bienfaits. Il se fit immédiatement inscrire dans cette école de Montpellier qui a donné tant de grands hommes à la médecine et où florissait, au moment dont nous parlons, Barthez et Lamure pour la physiologie, Venel pour la chimie et Gonons pour la botanique.

Les leçons éloquentes de Barthez excitaient dans tous ceux qui l'écoutaient une espèce de passion pour la physiologie. Entre les mains de ce génie profond, la science achevait de se dépouiller de ses fausses doctrines, tour à tour empruntées à une mécanique, à une physique, à une chimie imparfaites. A la vérité, une sorte de métaphysique obscure y régnait beaucoup trop encore, mais peut-être cette forme métaphysique était-elle aussi un de ces degrés par lesquels la science devait passer avant d'atteindre à cet état positif qu'elle n'a dû qu'aux travaux de Glisson, de Frédéric Hoffman et surtout de Haller, travaux à jamais mémorables et qui ont enfin nettement posé le problème physiologique dans l'analyse directe des fonctions spéciales, des propriétés distinctes de chacun des éléments divers qui constituent nos organes.

Il en est des sciences, ces produits de notre esprit, comme des produits mêmes de la nature.

Elles ont leurs lois de développement, leurs évolutions ; et, comme ces insectes qui n'arrivent à leur état parfait qu'après avoir passé par celui de larve et de chrysalide, elles sont obligées de passer aussi par une certaine suite de formes transitoires et subordonnées avant d'arriver à leur forme parfaite et définitive.

Chaptal partagea bientôt l'enthousiasme général pour une science qu'enseignait un aussi grand maître et qui, d'ailleurs, est, en elle-même remplie de tant d'attraits. Mais il y mêlait ce goût si commun alors pour les systèmes, pour la dispute, à laquelle les systèmes se prêtent si bien, en un mot pour tous les restes de l'ancienne scolastique. Une pareille tendance ne pouvait exercer heureusement un long empire sur une raison aussi sérieuse que l'était déjà celle du jeune étudiant, aussi a-t-il fallu qu'il nous en instruisît lui-même, dans ses notes, pour qu'on ait pu s'en douter.

Chaptal eut à Montpellier les mêmes succès qu'à Mende et à Rodez ; il soutint une thèse brillante et son oncle put croire arrivée l'heure, qu'il attendait si impatiemment, de l'associer à ses travaux. Mais le goût de Chaptal pour la médecine s'était considérablement refroidi, et il fit entendre à son oncle qu'il était beaucoup trop jeune encore pour se livrer immédiatement à la pratique d'un art aussi difficile. Il obtint ainsi la liberté de venir passer deux ou trois ans à Paris pour y continuer et y compléter ses études.

Une fois échappé à ce qu'il appelle plaisamment, la tyrannie médicale de son oncle, Chaptal sembla ne plus respirer que pour la littérature. Dès son arrivée à Paris, il se lia avec Berquin, Lemierre, Roucher, Fontanes, son génie facile semblait se plier également à tous les exercices de l'esprit et il n'est pas jusqu'à la poésie qui ne l'ait un moment disputé aux sciences. Mais enfin, le besoin d'études plus sérieuses se fit sentir et il revint avec une nouvelle ardeur à ces sciences qui, au fond, étaient sa véritable vocation, et particulièrement à la chimie, suivant tour à tour les leçons de Bucquet, de Romé de Lisle et se préparant ainsi, presque à son insu, au poste important auquel il allait être bientôt appelé.

En effet, à peine était-il de retour auprès de son oncle, après quatre ans passés à Paris, que les États du Languedoc créaient une chaire de chimie à Montpellier, et que cette chaire lui était confiée.

C'est de ce moment que s'ouvre, dans les sciences, la carrière brillante de Chaptal.

On touchait à la révolution de la chimie, cependant l'ancienne doctrine du phlogistique prévalait encore ; c'est la doctrine que Chaptal enseigna d'abord, et dans ses premiers cours, et dans son premier ouvrage.

II

De toutes les sciences qui ont pour objet l'étude des phénomènes naturels, la chimie est celle dont le génie moderne semble pouvoir s'énorgueillir à plus juste titre, car elle ne doit assurément rien au génie des anciens.

Les anciens n'ont, en effet, pas même soupçonné l'action intime des molécules les unes sur les autres, source prochaine ou éloignée de tous les phénomènes qui se passent dans l'intérieur des corps ; leur vue s'est presque toujours arrêtée à ce que l'étude de ces corps a de plus général ; ils n'ont connu, ni l'art de mettre de la précision dans les détails, unique base de l'exactitude dans les vues d'ensemble ; ni l'art, plus difficile encore, de décomposer les phénomènes complexes en leurs circonstances les plus simples, ce qui parait le dernier terme des forces de l'esprit humain et sur quoi repose le système entier de l'art des expériences.

Aussi tout ce qui demande de l'analyse a-t-il échappé aux anciens. Ils n'ont eu que des notions vagues sur la chaleur, sur l'électricité, ces ressorts si puissants et partout présents dans la nature. Ils ignoraient jusqu'à l'existence des gaz, ces agents cachés dont l'action est si énergique et si répandue.

La théorie la plus générale à laquelle ils se soient élevés, celles des *forces occultes*, atteste, par son nom même, l'ignorance où ils étaient des *forces réelles* et *effectives*. C'est parce qu'ils ne connaissaient pas la *pesanteur de l'air* qu'ils avaient recours à l'*horreur du vide* (1).

La recherche des *forces réelles* est le caractère propre de la philosophie moderne, mais cette

(1) Comme plus tard on eut recours au *phlogistique* parce qu'on ne connaissait pas l'oxygène.

6.

recherche dépend, à son tour, de l'art expérimental, de cet art qui, ainsi que je viens de le dire, décompose, distingue, isole, et ne s'arrête que lorsqu'il est parvenu aux dernières molécules des corps et aux circonstances les plus simples des phénomènes ; art duquel dérivent, d'une manière plus ou moins directe, toutes les sciences modernes, et dans lequel consiste tout le secret de leurs forces.

Or, de toutes les sciences qui s'occupent des phénomènes de la nature, nulle n'est plus intimement liée à cet art de l'analyse expérimentale que la chimie que l'on pourrait appeler, par excellence, *l'art de l'analyse*. Et c'est pourquoi elle est venue une des dernières ; c'est pourquoi dès qu'elle a paru, elle a jeté une si vive lumière sur toutes les autres, car ce n'est pas seulement une certaine suite de faits qu'elle a fait connaître, mais un ordre nouveau d'agents qui ont leur influence marquée dans tous les faits connus.

Et c'est parce qu'elle remonte jusqu'aux principes constitutifs, jusqu'à la nature même des corps que se partagent les autres sciences naturelles, que la chimie est devenue, dès l'abord, un secours immédiat pour chacune d'elles, et bientôt, si l'on peut s'exprimer ainsi, le lien qui les unit toutes.

On nous permettra de ne pas suivre M. Flourens dont nous reproduisons ici l'éloquente parole, dans son exposition de la transformation de la chimie que nous avons racontée ailleurs. Nous nous bornerons à constater, avec lui, que chaque siècle a son caractère de grandeur et de gloire, caractère qu'il tire des événements qui s'y développent ou s'y accomplissent; ainsi la fin du dix-huitième siècle n'a-t-elle guère moins à se glorifier d'avoir vu naître, entre les mains de Lavoisier et de ses illustres coopérateurs, la chimie moderne, que la fin du dix-septième d'avoir vu naître, entre les mains de Newton, la découverte du vrai système du monde.

Lorsque Chaptal débuta dans l'enseignement de la chimie, on était donc dans toute cette première ardeur qu'inspire une science naissante; dès ses premiers cours, les auditeurs se pressèrent en foule à ses leçons. Ces mêmes cours, reproduits à Toulouse, attirèrent la même affluence et excitèrent le même élan pour l'étude de la chimie.

Chaptal ne se bornait pas, du reste, à propager les nouvelles théories par ses leçons. A l'exemple des Fourcroy, des Berthollet, des Vauquelin, et de tant d'autres, il passait tour à tour des méditations du professeur à celle de l'investigateur.

Mais un caractère particulier de ses travaux, caractère qui se manifeste dès les premiers d'entre eux, c'est que presque toujours on le voit se proposer de faire tourner au profit des arts, le résultat de ses recherches scientifiques.

Sa vocation a été en quelque sorte de renouveler l'industrie par la science, et cette noble vocation a paru dès ses premiers pas.

« Qu'il sorte, s'écriait Diderot, qu'il sorte des Aca-
« démies un homme qui descende dans les ateliers,
« qui y recueille les phénomènes des arts et qui
« les expose pour qu'enfin les artistes lisent et
« les philosophes pensent utilement. »

Cet homme devait être Chaptal. Professeur, chef de grandes manufactures, membre du Conseil d'État, ministre, l'application de la chimie aux arts a été sa pensée constante, pensée féconde à laquelle nul ne s'est plus dévoué que lui, et qui a porté si rapidement l'industrie française à ce point de grandeur, où déjà, plusieurs fois en moins d'un siècle, on l'a vue faire la force du pays et l'étonnement du monde.

La suite de cette notice va donc se confondre avec l'histoire même des progrès que l'industrie française a dû aux découvertes de la chimie: un intérêt profond s'attache à ce genre de progrès qui, des sciences s'étendent aux arts, et, des arts, au bonheur des peuples.

Nous avons vu ailleurs le parti que Berthollet sut tirer d'une des découvertes de Schœle, en appliquant le chlore au blanchiment des toiles et du coton.

A peine cet art venait-il de naître que Chaptal l'enrichissait déjà de nouvelles applications. Il l'étendait au blanchiment des vieux livres, des vieilles estampes, et surtout à celui de la pâte de chiffons dont on se sert pour la fabrication du papier, résultat important et qui a permis de faire des papiers de la plus belle qualité, avec les matériaux les plus communs.

Ce n'était là qu'une sorte de complément aux belles recherches de Berthollet. Une découverte propre à Chaptal est celle qui concerne la formation de l'alun.

L'alun est une des substances les plus employées

dans les arts ; mais cette substance si nécessaire est rare et il a fallu songer de bonne heure à la former de toutes pièces, c'est-à-dire par la combinaison décrite de ses principes constituants..... On avait cherché, on était même bien près du succès lorsque, parvenant le premier à reconnaitre le vrai rôle que jouait la potasse et l'ammoniaque dans la formation de l'alun, Chaptal put, dès 1788, produire cet alun avec facilité, avec abondance, et affranchir ainsi la France d'un impôt considérable et onéreux qu'elle payait à l'étranger.

Dès lors, le but principal de tous les efforts de l'illustre chimiste était évidemment de débarrasser la France de ces besoins extérieurs qui toujours livrent, plus ou moins, une nation à la merci des autres ; fidèle à ce principe, il devait consacrer sa vie entière à lui conquérir, si l'on peut s'exprimer ainsi, l'indépendance de ses ressources et de son industrie, et jamais dévouement national n'a produit de plus grands effets.

Grâce aux belles manufactures que la succession de son oncle, que sur ces entrefaites il eut la douleur de perdre, lui permit de fonder, l'industrie, dite des produits chimiques fut créée en France, et l'alun, les acides sulfurique, nitrique, muriatique, le sel de Saturne, etc., ne furent plus importés de l'Angleterre et de la Hollande. C'était le premier exemple d'une application aussi étendue de la science à l'industrie.

III

Nous ne sommes qu'à la première partie de la vie de Chaptal et cependant il a déjà perfectionné plusieurs arts, il en a créés quelques-uns et, ce qui, en ce genre, équivaut presque à une création, il en a nationalisé d'autres.

Cette belle couleur rouge que la garance donne au coton était préparée dans le Levant, longtemps avant d'être introduite chez nous : de là le nom de *rouge d'Andrinople* sous lequel elle fut d'abord connue.

Lorsque nos fabriques voulurent enfin s'alimenter en France de ce nouveau produit, on fut obligé d'appeler des teinturiers grecs, qu'on fit venir de Smyrne, et c'est à Chaptal qu'on est redevable d'avoir, un des premiers, songé à nous rendre maîtres de cet art...

La teinture, dont le progrès semblait le préoccuper tout particulièrement, n'était pas le seul objet de ses soins ; pendant qu'il imaginait un nouveau procédé pour fixer les mordants dans la teinture en rouge, il s'occupait avec succès de la fabrication du vert-de-gris, de la fermentation, de la distillation des vins ; il dotait enfin l'art céramique d'un nouveau vernis, qui assurait à nos poteries une supériorité incontestable sur les meilleurs produits similaires étrangers.

Il ne se contente point de servir les arts par ses recherches, ses découvertes, ses essais ; il s'occupe de ceux qui les exploitent, et, pour élever l'industrie française au point où il la veut, il s'efforce d'élever d'abord l'ouvrier au niveau des connaissances exigées par l'art dont il s'occupe.

Jusque-là l'État n'avait rien fait pour l'instruction pratique de ce qu'on appelait alors « les artisans », cette portion si nombreuse et si précieuse de la société.

Cependant, les arts, les métiers ont leurs règles, et ces règles ont leurs sources dans la science.

Partant de ce principe, Chaptal, dans un travail célèbre sur l'enseignement des arts chimiques en France, demande quatre écoles distinctes pour l'enseignement de ce qu'il appelle *les arts de fabrique :* une pour les *travaux de la teinture ;* une pour le *travail des métaux ;* la troisième pour la *fabrication des poteries, des verreries ;* la quatrième pour la *préparation des sels, l'extraction des acides, des alcalis, la distillation des vins,* etc. Des écoles de *chimie appliquée* forment le faîte de l'édifice et donnent la théorie de ces mêmes opérations dont les écoles spéciales ont déjà donné la clef et la pratique.

Des principes, non moins sûrs, règlent les rapports de l'administration et de l'industrie. Jusque-là les gouvernements, pour assurer la consommation des produits du pays, avaient regardé la prohibition et la surtaxe des produits étrangers comme le seul moyen à mettre en usage. Chaptal leur en indiqua un autre, et plus efficace : la supériorité des produits nationaux. Il avait posé pour base des progrès de l'industrie, l'instruction de l'artiste; il pose pour base du débit ou de la consommation, la supériorité relative des produits.

On sent que sur toute cette matière l'auteur pense et s'exprime en maître. On peut dire de son livre qu'il est également fait et pour être médité par l'homme d'État, et pour être étudié par l'artiste; c'est peut-être le premier livre dont on l'a pu dire, et tel devait être la récompense de la science, qui se consacrait au bonheur des hommes.

Chaptal, à ce moment, avait déjà été appelé au Conseil d'État, ce qui donnait une double force, un double poids à sa parole. C'est au même titre qu'il fit, sur l'instruction publique, le célèbre rapport qui influa si puissamment sur l'organisation de cet important service.

Déjà appelé à l'Institut pour y remplacer Bayen, il fut un des membres actifs de la commission des poudres et des salpêtres, dont nous avons parlé à propos de Macquer et de Berthollet, et il prit une part non moins considérable que ses illustres confrères aux travaux de la défense nationale.

En même temps, professeur de chimie à l'École polytechnique, il n'épargnait aucun soin, aucune peine pour former, à la fois, des ingénieurs militaires et des ingénieurs civils, capables d'appliquer, dans leurs services respectifs, les découvertes rapides et successives de la science, découvertes auxquelles lui-même il contribuait si puissamment, bien qu'il eût soin, en toute occasion, d'en rapporter la gloire, d'en attribuer le mérite à Lavoisier.

IV

Ce fut sur ces entrefaites que le premier consul confia à Chaptal le portefeuille de l'intérieur (1800).

Ce ministère, qui réunissait alors les manufactures, le commerce, l'agriculture, les beaux-arts, l'instruction publique, semblait fait pour lui. Du moment qu'il l'occupa, tout y reçut une impulsion nouvelle. Dix années de troubles intérieurs avaient tout compromis; tout fut réparé ou créé par Chaptal. Les manufactures et le commerce n'avaient pas eu de ministre, dont les vues fussent plus étendues, depuis Colbert.

Il rétablit les chambres de commerce, ces moyens d'une correspondance éclairée, continue, entre le ministre et le commerçant. Au système des ports francs, ces anciens privilèges de certaines villes, il substitua le système des entrepôts, seul compatible avec la liberté nouvelle du commerce.

Démêlant ce grand principe que les encouragements au commerce devaient surtout être donnés en vue de l'industrie nationale, il établit des primes d'exportation pour les produits de notre industrie.

Il fit plus, il fit une chose digne d'être à jamais imitée par ses successeurs : il envoya des négociants instruits dans tous les pays pour y faire connaître les produits français et leur ouvrir partout des débouchés nouveaux.

Il institua les conseils de manufactures. A Paris, il consacrait un jour de chaque semaine à visiter les fabriques, les ateliers ; à y distribuer des secours à l'ouvrier, des encouragements à l'artiste ; à y porter, à y maintenir les bonnes méthodes.

Dans ses voyages avec le premier consul, il le conduisait dans les principaux ateliers : se fait-on une idée de l'effet que devaient produire de telles visites ? Là, Chaptal observait tout : il corrigeait les mauvais procédés ; il indiquait les bons. Dans une de ces visites, l'ouvrier auquel il expliquait un procédé nouveau ne parvenait-il pas à l'exécuter ; aussitôt Chaptal quittait son habit de ministre et exécutait lui-même l'opération. Il y a un art d'enflammer les hommes : à l'enthousiasme des ouvriers, à la satisfaction du premier consul, on peut voir jusqu'à quel point Chaptal possédait cet art.

A l'exemple de Colbert, qui enrichit la France de la draperie fine en y appelant Van-Robais, de la bonneterie par les métiers en y appelant Hindret, il fit venir d'Angleterre les ouvriers les plus habiles dans l'art, alors nouveau, d'opérer par des mécaniques la filature de la laine et la fabrication des draps.

Enfin une Société Nationale se forma pour l'encouragement des arts et de l'industrie (1) ; Chaptal

______

(1) Cette Société qui a rendu les plus grands services à l'industrie et largement contribué au progrès des sciences et à la prospérité de la fortune publique est aujourd'hui présidée par

en fut le premier président et, réélu depuis chaque
année, il a conservé cette honorable présidence tant
qu'il a vécu.

La première école des Arts-et-Métiers qu'ait eue
la France, lui vient de Chaptal.

Par ses soins, le Conservatoire des Arts-et-Métiers, l'École de médecine de Paris, celle de Montpellier, reçurent de riches accroissements et une
organisation meilleure.

Le Musée d'histoire naturelle de Paris, ce premier
établissement du monde en son genre, voyait une
grande partie de son jardin occupée par un sol stérile ;
bientôt de grands travaux renouvellent ce sol ; la
culture s'en empare et la reconnaissance publique
y attache le nom de Chaptal en l'associant à celui de
Buffon.

A côté des *allées de Buffon* sont les *carrés Chaptal*.

Ce nom s'attache encore à trois objets d'un ordre
monumental :

La rivière de l'Ourcq fut détournée et ses eaux
conduites à Paris par un canal de vingt lieues. Le
Louvre vit achever une de ses ailes et commencer
l'autre. Les quais qui bordent la Seine furent repris
et continués dans toute leur étendue.

En même temps qu'il faisait ces grandes choses
pour l'embellissement de la capitale, il en faisait
d'autres qui assurent à sa mémoire les bénédictions
du peuple.

l'éminent secrétaire perpétuel de l'Académie des sciences,
M. Dumas. Elle a son siège place Saint-Germain-des-Prés,
à Paris.

Il créait un immence dépôt de blé pour que les pauvres eussent toujours du pain. Une idée sublime lui inspirait la création de cet hospice de la Maternité où la femme pauvre reçoit les secours de l'art, au moment où elle les réclame au titre le plus sacré, au titre de mère. Enfin il instituait le conseil général des hospices qui devait tout changer dans l'économie de ces grands asiles...

Je laisse à regret cette partie de l'histoire de Chaptal ; on sait jusqu'à quel point furent portés ses soins délicats, sa prévoyance active pour les malheurs des hommes de lettres, des savants, des artistes. C'est de la réunion de toutes ces choses, monuments de la philanthropie de son âme non moins que de l'étendue de son génie, que s'est formé le caractère particulier de son ministère ; mais ce qui en constitue, à vrai dire, l'esprit, le système, c'est d'avoir placé dans chaque branche de son administration les éléments et les garanties de ses progrès.

V

En 1807, Chaptal passa du ministère au Sénat, et le Sénat lui-même le nomma bientôt un de ses dignitaires. Pour tout ce qui touchait aux arts, au commerce, aux manufactures, l'empereur avait en lui une confiance entière, et cette confiance ne fit que s'accroître quand il eut quitté le ministère.

Ainsi rendu aux sciences, Chaptal s'occupa d'un

ouvrage qu'il méditait depuis longtemps et qui devait être, en quelque sorte, le complément de ceux qu'il avait publiés jusque là ; cet ouvrage est sa *Chimie appliquée aux arts.*

Tout art dépend d'une science, mais il en est séparé d'abord par un intervalle immense ; et, conduire l'art jusqu'à la science ou réciproquement, la science jusqu'à l'art, est, en tout genre, un des pas les plus difficiles et les plus lents que fasse l'esprit humain ; c'est aussi le pas le plus grand que puisse faire un art quelconque ; car ce n'est que de ce moment qu'il a des principes rationnels, c'est-à-dire une théorie.

Déjà Macquer, Berthollet, avaient essayé de ramener à des lois constantes les phénomènes de la teinture ; ce que ces grands chimistes avaient tenté, pour un art en particulier, Chaptal osa l'entreprendre pour tous les arts en général.

Son ouvrage peut être regardé comme le premier essai d'une *théorie générale des arts chimiques* ; il a eu le double effet de porter dans les ateliers les lumières de la science, et de produire aux yeux des savants les faits que découvre la pratique journalière des artistes, et, au fond, l'un de ces deux effets n'était guère moins important que l'autre.

Et tandis que par cet ouvrage Chaptal répand un jour nouveau sur tous les arts qui dérivent de la chimie, par des traités spéciaux, il porte une lumière plus particulière, plus vive sur quelques-uns d'entre eux.

Son traité sur l'art de faire le vin ; celui sur l'art de la teinture du coton en Europe, se succèdent à courte distance, et montrent jusqu'à l'évidence à quel point la chimie se prête aux besoins les plus généraux, aux arts les plus communs de la société.

Membre du *Conseil supérieur des manufactures et du commerce*, créé en 1810, Chaptal ne s'y distingua pas moins que dans ses précédentes fonctions.

Le moment, on s'en souvient, était des plus critiques. D'un côté, l'Angleterre régnait sur les mers; de l'autre, Napoléon dominait sur le continent. Alors s'établit le système continental, et pour la France le problème fut de tirer de son propre sol, à force de génie et d'industrie, tous les produits qu'elle tirait avant de ses colonies... En ce qui concerne le sujet qui nous occupe, on essaya d'extraire l'indigo du pastel, et on encouragea, par tous les moyens possibles, la culture de la garance et des autres plantes tinctoriales acclimatées chez nous... Chaptal fut l'âme de ces efforts.

VI

Nous n'avons point à motiver ici comment Chaptal, oublié par le pouvoir pendant les premières années de la Restauration, fut amené à employer ce temps à produire son grand ouvrage sur l'*industrie française*, l'œuvre la plus éminemment nationale qui fût encore sortie de sa plume, et le plus beau monument qu'il n'ait laissé de son ministère.

A considérer l'industrie d'une nation à un

point de vue général, trois branches principales la constituent : l'agriculture, les manufactures et le commerce.

L'objet que s'est proposé l'auteur, du moins pour la France, est de suivre le progrès de ce développement depuis 1789 jusqu'en 1819, c'est-à-dire pendant une période de trente années..... Or, pendant ces trente années, tout en France a pris une direction nouvelle, tout a changé de face..., mais le tableau de ces progrès étonnants n'est pas ce qui frappe le plus dans l'ouvrage de Chaptal ; ce sont les rapports qui subordonnent tous les progrès entre eux ; c'est le lien qui unit entre elles toutes les branches de l'industrie ; c'est surtout cette masse de faits rassemblés pour la première fois, et sur lesquels on voit s'appuyer et se mouvoir, en quelque sorte, tous les rouages du mécanisme social.

A cet ouvrage publié en 1819, Chaptal fit succéder la *Chimie appliquée à l'agriculture* qui parut en 1823.

Déjà et dans un ouvrage où brillent des vues profondes, un des plus grands chimistes de l'Angleterre et du siècle, Davy, avait jeté les premières bases de l'application de la chimie à l'agriculture.

Chaptal, dans un ouvrage méthodique et clair, a étendu ces bases ; aux lumières propres de la chimie, il y a joint celles de la physiologie végétale, deux sciences qui, réunies, constituent, en effet, la théorie de l'agriculture.

On lit avec intérêt, dans ce livre, tout ce qui se rapporte à la doctrine des assolements, à la culture des prairies artificielles, à la multiplication des bestiaux, ces trois grands faits sur lesquels repose toute l'agriculture moderne.

On y lit, avec un intérêt plus vif encore, ce qui concerne la fabrication du sucre de betterave, cet art que l'auteur a si puissamment contribué à populariser en France.

Chaptal y montre que cet art, lorsqu'il aura pris toute son extension, en se liant aux exploitations rurales qu'il enrichira, fournira chaque année et *sans nuire à la production d'un seul grain de froment*, un fourrage précieux pour la nourriture de plusieurs milliers de bœufs; qu'il fournira chaque hiver du travail pour plusieurs milliers d'hommes; et qu'il dotera la France d'un revenu annuel de plus de quatre-vingts millions.

Cet ouvrage sur la chimie appliquée à l'agriculture, dernier ouvrage général publié par Chaptal, forme, en quelque sorte, le complément de sa vie scientifique.

Il avait été appelé, en 1818, à la Chambre des Pairs. Là, entouré de toute la considération qu'assurent un nom célèbre et de grands services, il prenait rarement la parole, ne parlait que sur les matières qu'il avait longtemps étudiées et n'intervenait dans une question que pour l'éclairer.

Depuis lors, on le vit constamment partager son temps entre la Chambre des Pairs, la Société d'encouragement pour l'industrie nationale, le Conseil général des hospices et l'Académie des sciences aux séances de laquelle nul ne porta jamais, ni plus d'assiduité, ni plus d'intérêt, et dont les travaux, tous consacrés aux progrès des sciences, l'ont occupé jusqu'à sa dernière heure.

Chaptal avait un esprit étendu et dégagé de toute illusion, un jugement sûr, une raison droite et élevée, un cœur plein des affections les plus bienveillantes. Dans ses écrits, se font remarquer une capacité d'un ordre supérieur ; des vues nettes ; un style noble, élégant, mais de cette noblesse et de cette élégance que comportent les matières sérieuses et dont la juste limite est elle-même une difficulté de plus, car, comme l'a dit Fontenelle, « ce qui ne doit être embelli que jusqu'à une certaine mesure est ce qui coûte le plus à embellir. »

Chaptal est mort le 29 juillet 1832 au milieu des souffrances les plus cruelles ; son esprit, resté libre s'occupait encore et avec une sérénité admirable, de ces sciences auxquelles il avait consacré sa vie, et que nul n'était plus en droit que lui de regarder comme une des plus pures sources de ce qui peut fonder le bonheur des hommes.

THENARD (Louis-Jacques)

(1777-1857)

I

Un petit pâtre disait un jour, nous raconte-t-on :

« — Si j'étais empereur, je garderais mes vaches à cheval...

— Pour moi, lui répondit son camarade, trois fois la semaine, je mangerais de la soupe au lard.

— Et moi, reprit le plus jeune, je me ferais payer mes journées trente sols, pour en donner vingt à ma mère ?

Mus par quelques-unes de ces primitives et meilleures inspirations, dont l'écho affaibli s'éteint dans nos grandes cités, par une splendide matinée de printemps, cheminaient sur une des grandes routes, belles et calmes, qui sillonnent nos riches campagnes, trois vigoureux enfants de la Champagne ; ils quittaient le toit paternel et s'éloignaient du petit village de la Louptière, près Nogent-sur-Seine.

Ils se dirigeaient vers Paris, non qu'ils voulussent y chercher fortune ; mais au contingent scientifique qu'ils avaient recueilli des leçons de M. le curé, et plus tard du savant père Bardin, oracle de ces contrées, ils sentaient le besoin d'ajouter, car ils étaient ambitieux.

L'un d'eux visait à être le médecin du canton, et, se partageant le pays, les deux autres voulaient être apothicaires. Le plus téméraire allait même jusqu'à rêver d'associer à son laboratoire un petit commerce d'épicerie.

Ce qui pouvait expliquer de si grands projets, c'est que la tempête révolutionnaire contraignait les parents de celui-ci, honnêtes et vigilants laboureurs, à renoncer à une exploitation qui longtemps leur avait été confiée ; que, ainsi retirés sous leur toit patrimonial, ils avaient encore cinq enfants à élever, et qu'enfin celui qui s'éloignait avait toujours été l'espoir ambitieux de la mère ; aussi était-ce le plus près possible d'elle qu'il viendrait exercer.

Tout en devisant sur de si douces espérances, nos voyageurs avançaient vers le but : comme ils étaient près de l'atteindre, le plus clairvoyant fit sentir la nécessité de se rendre compte des ressources de leur budget. Les calculs auxquels il se livra, bien qu'il se montrât déjà habile à ne laisser échapper aucune fraction, ne purent jamais atteindre au delà d'un total de seize sols par jour, pendant un mois, pour chacun d'eux.

Cette conviction acquise, nos jouvenceaux se dirigèrent vers les hauteurs du pays latin ; ce n'était point assez ; là ils gravirent au plus haut étage d'une maison, et furent heureux d'y trouver une chambre où ils purent s'installer en commun.

Restait à pourvoir à la plus impérieuse des nécessités. L'homme pratique qui avait analysé le budget explora le voisinage ; sous le toit hospitalier qui les abritait eux-mêmes, habitait un ménage de ces braves Auvergnats qui, pour posséder un jour un champ et aller mourir dans leurs montagnes, nous distribuent, pendant trente ans, de l'eau et du charbon.

Notre parlementaire ouvre des négociations ; il expose à la mère Bateau, avec la candeur de ses dix-sept ans, la position et les ressources. La bonhomie qui dès lors se peignait sur sa figure, la franchise avec laquelle il laissait voir son désir de succès, touchèrent cette brave femme ; et bien qu'elle fût convaincue que l'engagement de fournir aux besoins de trois jeunes estomacs avec de si minces ressources fût téméraire, elle les agréa pour pensionnaires. Ils avaient donc :

Le vivre et le couvert : que faut-il davantage ?

II

Le chef de la petite association, Louis-Jacques Thenard, né le 4 mai 1777, sortait ainsi triomphant de la mission diplomatique la plus difficile qu'il dût jamais entreprendre et s'installait à Paris.

Lors du début, il lui arriva une fois ou deux de n'être pas exact au rendez-vous de la mère Bateau. La rude abstinence qui en résulta « me fit contracter, disait-il plus tard, une habitude de ponctualité dont je ne me suis jamais départi, et qui a ajouté à ma reconnaissance pour cette excellente femme. »

Deux hommes de mérite, ainsi que nous avons eu déjà l'occasion de le dire, enseignaient alors la chimie.

Fourcroy, par la lucidité de son esprit, par son exposition facile et savante, obtenait les succès qui lui valurent une réputation universelle. Vauquelin, moins brillant, mais plus habile expérimentateur, amassait, par un labeur incessant, les matériaux dont il a enrichi la science.

Notre jeune Champenois, tout yeux et tout oreilles, ne manquait aucune de leurs leçons; il écoutait, écoutait toujours : après un examen consciencieux, il se convainquit qu'il ne comprenait rien.

A cette triste découverte, que les gens incapables ne font jamais, scrutant quel pouvait être l'obstacle, il comprit que, dans une science qui n'est point spéculatrice, il faut commencer par apprendre le métier. Vauquelin, pauvre alors, admettait bien dans son laboratoire ceux de ses élèves qui pouvaient lui payer une rétribution de vingt francs par mois, mais il était impossible à Thenard de prendre un pareil engagement. Là pourtant il voit sa seule ressource; il s'arme donc de courage, se présente à Vauquelin, lui dit toute la vérité, sa pénurie, son amour du travail et lui demande, le supplie de l'agréer, ne fût-ce que comme garçon de laboratoire : ses services, ajoute-t-il, l'acquitteront.

Vauquelin a déjà éloigné de pareilles offres; sa gêne est extrême. Repoussant tous les souvenirs qui pourraient le reporter vers une position analogue, il formule un refus, et le postulant voit ses espérances s'évanouir.

Cependant, son chagrin, son air intelligent, ses formes campagnardes surtout, ont, par analogie, intéressé les sœurs de Vauquelin qui, pendant l'entretien, se sont furtivement introduites.

. « — Mais il est gentil, ce petit, dit une voix protectrice; tu devrais le garder; il aiderait dans le laboratoire et surveillerait notre pot-au-feu, que tous tes muscadins laissent trop bouillir. »

Voilà donc, grâce à cette leçon de chimie pratique, Thenard introduit.

— Je n'ai jamais été assez ingrat, disait plus tard l'éminent académicien, pour oublier qu'un pot-au-feu qui bout ne fait que de la mauvaise soupe.

Le caractère facile du jeune homme, la sagacité de son esprit, le firent aimer de tous les jeunes gens qui fréquentaient le laboratoire: par eux il élargit le cercle de ses études, et ses remarquables moyens trouvèrent à se développer.

III

Trois ans s'écoulèrent sans que le plus léger sourire de la fortune vint modifier les sévères conditions de l'existence de Thenard et sans qu'il se lassât d'épier, d'espérer.

Vauquelin appela un jour son premier préparateur :

— Je reçois cet échantillon de béryl, lui dit-il; je vous prie de me rendre compte des éléments dont vous le trouverez composé.

Thénard est requis comme aide; les expériences se multiplient, se varient; le résultat, toujours le même, décide l'expérimentateur à déclarer que ce minéral ne contient aucun corps qui ne soit connu. Vauquelin branle la tête et répète entre ses dents :

— Nous verrons, nous verrons, c'est à reprendre.

Rien n'a échappé à Thenard et rien ne le distrait; vainement, pendant un mois, le plaisante-t-on sur la gravité de ses vingt ans. Au bout de ce temps, il annonce résolument à son maître que le béryl contient un corps nouveau.

— Eh! comment pouvez-vous le savoir? lui dit Vauquelin.

— J'ai recueilli les matériaux qui avaient servi à la première expérience; successivement j'ai fait disparaître chaque réactif; et finalement, j'ai obtenu le corps que je vous annonce; d'ailleurs, voici la moitié de ces matériaux, vous pouvez vérifier.

Vauquelin reprend le travail de son élève; dans sa main d'une habileté consommée, le corps nouveau se dégage complètement : un bel échantillon de glucine est obtenu.

A quelques jours de là, Thenard s'occupait dans l'amphithéâtre des préparatifs nécessaires pour une leçon d'ouverture; déjà le public saluait de ses applaudissements la bienvenue du professeur.

— Messieurs, dit celui-ci, un corps nouveau vient d'être isolé; depuis quelque temps je le soupçonnais dans l'émeraude de Limoges ou béryl; c'est votre camarade Thenard qui m'a rendu ce service difficile; dorénavant, vous aurez pour lui la considération qu'on doit au talent; c'est un chimiste, Messieurs, il ira loin, peut-être plus loin que moi!

Le talent n'avait point ôté les jambes à notre héros, qui s'était allé cacher, le cœur inondé de joie.

Bientôt après, Vauquelin fit admettre Thenard comme professeur dans une institution. Le jeune savant, qui était pourvu d'un sens très droit, comprit qu'il devait tendre à réformer un accent, un geste, une emphase qui étaient l'écho des impressions reçues dans les plaines de la Champagne. Ce but raisonnable à atteindre, et aussi un goût très prononcé, le conduisaient au théâtre toutes les fois que son estomac se prêtait à une abstinence assez longue pour réunir trente sols. Alors, il allait entendre les interprètes de Corneille et de Racine, n'entrevoyant cependant que dans un avenir éloigné les périls d'une chaire publique.

— Je suis obligé de me rendre à Rouen, lui dit un matin Vauquelin, mon cours est commencé, remplacez-moi.

A la première leçon, le professeur et les auditeurs restèrent convaincus d'une impérieuse nécessité de progrès; les suivantes laissèrent voir de sensibles améliorations; à la cinquième, Thenard, devenu plus maître de son sujet, tentait de promener son regard dans la salle, lorsque, en un coin, il aperçut Vauquelin et Fourcroy qui souriaient à ses efforts; à cette vue, il pâlit et prend la fuite.

Ces deux hommes excellents travaillaient alors

7.

de concert à le faire admettre comme répétiteur à l'École polytechnique.

Dès qu'il fut ainsi en possession d'un peu de temps, d'un peu d'aisance, il produisit des travaux originaux et, à partir de 1799, où un premier mémoire fut présenté par lui à l'Académie, cette compagnie illustre le vit pendant plus d'un demi-siècle apporter plusieurs fois chaque année le fruit de recherches, qui sont devenues les bases du progrès que lui doivent la science, les arts et l'industrie.

L'ordre de se rendre dans le cabinet du ministre de l'intérieur ayant été inopinément expédié à notre jeune expérimentateur, celui-ci assez intrigué, se présente :

— Le bleu d'outremer nous manque, lui dit Chaptal; d'ailleurs, c'est, en tout temps, un produit aussi rare que cher (1), et Sèvres a besoin d'un bleu qui résiste au grand feu. Voici quinze cents francs; allez me découvrir un bleu qui remplisse les conditions que j'exige.

— Mais, dit Thenard, je.....

— Je, je..... n'ai pas de temps à perdre, reprend Chaptal d'un ton bourru; allez donc, et apportez-moi mon bleu au plus vite.

A un mois de là, les riches nuances des plus beaux vases de Sèvres témoignaient du succès obtenu, et le nouveau bleu, en prenant le nom de Thenard, nom qu'il porte encore, consacrait, si l'on peut parler ainsi, l'ère de travaux et de découvertes

---

(1) Voir plus loin, dans ce volume, la biographie Guimet, l'inventeur du bleu d'outremer artificiel.

dont il était le point de départ et qui devait enrichir l'industrie de tant de procédés et de produits précieux (1).

Cette première découverte applicable à la pratique industrielle, faite par Thenard, suffirait à lui assigner une place dans cette étude sur la teinture et les matières colorantes, alors même que l'illustre chimiste, par son enseignement et par plusieurs mémoires présentés à l'Académie, n'aurait pas pris une part active à tout ce qui a été fait à ce sujet pendant le cours de sa longue carrière scientifique.

Ses brillants et nombreux travaux sur la chimie organique — travaux qui, s'ils ont été dépassés depuis par ceux de ses successeurs, n'en laissent pas moins à leur auteur le mérite d'avoir su découvrir les rapports qui lient la chimie à la physiologie — placent d'ailleurs son nom en tête de la liste des grands chimistes qui, par des expériences et des découvertes successives ont fait surgir des matières organiques, cette palette riche et nouvelle dont nous aurons à parler et dont, jusqu'à ces derniers temps, on n'avait pas même soupçonné l'existence.

Cependant, tandis que notre jeune expérimentateur, s'absorbant tout entier dans de sérieuses études, semblait indifférent à tout ce qui n'était pas la science, Vauquelin se préoccupait des moyens de revêtir cet élève favori, des formes, des séductions

(1) L'industrie agricole a été, plus qu'aucune autre, redevable aux travaux de Thenard, ainsi que nous aurons l'occasion de le dire dans un autre volume de cette collection.

de langage qu'il n'avait pas ambitionnées pour lui-même, mais auxquelles il avait applaudi dans Fourcroy.

L'entreprise était laborieuse : tandis qu'il y rêvait, l'Athénée s'ouvrit. On se rappelle ces réunions mondaines où tout s'enseignait, où tout osait se mettre au jour, depuis les opinions philosophiques les plus hardies, jusqu'aux plus coquettes futilités.

L'expérimentateur Thenard s'y produisit ; tout en recueillant les avantages de ce contact, le jeune homme trouvait plus de charme encore aux longues et solitaires veillées qu'il consacrait au travail.

Après une d'elles, alors qu'il était encore dominé par le sommeil, sa porte s'ouvre brusquement :

— Allons ! allons, debout, et qu'on se fasse beau, dit une voix à lui bien connue.

— Qu'y a-t-il donc? articule le dormeur en se frottant les yeux.

— Il y a, répond Vauquelin, que la loi sur le cumul me force à renoncer à ma chaire du collège de France, et que je veux que vous alliez demander ma succession.

— Je ne le puis, je ne le dois pas, reprend Thenard, dont le cœur s'éveille le premier.

— Voyons, enfant, dépêchez-vous donc ; j'ai pris un cabriolet à l'heure, et vous me ruinez avec tous ces retards.

Thenard, traîné à la remorque, fit les visites nécessaires. Les choses allèrent au mieux, et bientôt il monta dans cette chaire qui devait tant contribuer à sa prodigieuse popularité.

La jeunesse accueillit avec empressement ce représentant de la science, pris au milieu d'elle ; ce vigoureux fils du travail qui, par le travail, avait vaincu le dénuement et avait su se garder de ce ton dominateur que donne trop souvent le succès ; flattée d'une apparence de patronage, elle s'attacha à lui.

Pour Thenard, ne prisant pas assez tout ce que valait sa nature un peu lourde mais excellente, il se laissa vers cette époque prendre de l'envie de se transformer : ce fut probablement la seule expérience qu'il manqua. Vainement, demanda-t-il à la société des modèles, à ses amis, des conseils, à nos grands acteurs Molé et Talma, des leçons, tout cela resta sans effet ; le campagnard ne se laissa pas effacer, et bien lui en prit, car un cachet original, un peu rustre mais tout français, a fait de M. Thenard un type que la nation entière a connu, qu'elle a aimé et dont elle s'honore.

IV

..... Sur ces entrefaites, un grand bruit surgit à travers le monde savant : Berzélius venait de révéler le pouvoir de désunion, qu'exerce la pile voltaïque sur les corps composés ; Davy, en se servant d'appareils plus puisants, parvint à décomposer les deux alcalis fixes, qui jusqu'alors avaient été considérés comme des corps simples : dans la potasse et dans la soude, il trouva, unis à l'oxygène, deux métaux auxquels il donna le nom de potassium et de sodium. Il entreprit ensuite l'analyse des terres alcalines : chacune lui offrit un métal particulier, et il retrouva dans toutes le même principe commun, l'oxygène. Il venait, en outre, dans un écrit plein de vues hardies, de démasquer quelques-uns des rapports profonds qui lient les forces chimiques aux forces électriques, les affinités à l'électricité.

C'est alors que, dans un élan de généreux enthousiasme, l'Institut de France décerna à cet écrit le grand prix fondé pour le progrès du galvanisme. Quoique l'on fût en pleine guerre, sir Humphry Davy fut autorisé à venir le recevoir, c'était justice ; elle fut noblement rendue.

— Tolérez-vous donc cette victoire des Anglais, disait, avec impatience, Napoléon à Berthollet, et une pile gigantesque commandée par ses ordres fut confiée à Thenard et à Gay-Lussac.

Ceux-ci annoncèrent bientôt à l'Académie qu'au moyen des affinités ordinaires, ils parvenaient à obtenir les nouvelles substances plus abondamment que par la pile. Puis, se servant du potassium et du sodium, métaux découverts par Davy, ils réussirent à isoler un corps nouveau, un corps simple qu'ils nommèrent bore.

Davy reconnut la supériorité de la méthode chimique pour l'extraction des métaux, mais il réclama ce radical, ce bore qu'il disait avoir entrevu..... Tel fut le commencement d'un débat qui, au profit de la science, à l'honneur des deux pays, ne dura pas moins de cinq ans, et qui marque l'époque où les bases des idées actuelles sur les corps simples ont été posées.

Thenard et Gay-Lussac y acquirent une gloire incontestée, et y nouèrent d'indissolubles liens d'amitié. Pendant toute la durée des débats, ils s'étaient si noblement confondus dans une même responsabilité que les savants étrangers croyaient à une seule individualité. Dans leur intimité même, la part que chacun d'eux avait prise à l'œuvre commune resta toujours ignorée.

Un enseignement spécial ayant été créé, en 1809, à la Sorbonne, nos deux représentants de la *science militante*, furent appelés à y participer ; Thenard eut alors l'idée de faire à la Faculté un cours élémentaire et de professer au collège de France la chimie transcendante. Le nombre des élèves s'en augmenta, bien qu'ils eussent à braver les chances d'une longue attente rendue souvent infructueuse par le défaut de place. Le professeur comprit la nécessité de rédiger ses leçons.

Elles parurent en quatre volumes, dont la première édition date de 1813, et la sixième et dernière, de 1836.

Chacune de ces éditions forme un très sérieux travail, où l'auteur a intercalé les progrès et les expériences qui se faisaient jour ; ce livre a régné seul dans les écoles pendant plus de vingt-cinq ans. On peut dire que presque toute l'Europe a appris de M. Thenard la chimie, et que la plupart des grands chimistes français et étrangers s'honorent aujourd'hui en lui rendant hommage de leur savoir.

V

Lorsque l'Institut perdit Fourcroy, des concurrents nombreux disputèrent à Thenard l'honneur de lui succéder. Son ami Gay-Lussac fit, de son premier vote, le complément de l'unanimité qui appela son émule à siéger auprès de lui.

La grande émotion que ce succès causa à Thenard n'exalta point sa tête ; elle alla droit à son cœur :

— Dès que je fus bien sûr que je pouvais y croire, racontait-il, je pris mon paquet et je partis pour la Louptière : quelle joie j'allais causer à ma mère ! Pour comble de bonheur, j'avais dans mon bagage un livre qu'elle m'avait demandé : l'*Imitation de Jésus-Christ*, en gros caractère, dans lequel elle pourrait lire sans lunettes ! Cet exemplaire tant cherché, lorsqu'il m'était tombé sous la main, m'avait paru la plus précieuse de mes découvertes.

Assis au foyer maternel et redevenu l'enfant du village, Thenard reçut, fêta tous ceux qui avaient été les témoins de ses débuts dans la vie. Il recueillit les conseils de sa mère. Au moment des adieux, elle lui répéta :

— Maintenant il faut te marier.

Ce vœu retentit doucement aux oreilles du voyageur. Dès le temps où le patronage de Vauquelin lui était venu en aide, Thenard avait connu M. Humblot, jeune chimiste, que la fortune et la naissance conviaient à une vie aussi facile que la sienne était alors sévère.

Pour soutenir le courage de Thenard, M. Humblot lui avait souvent rappelé la destinée de son beau-père qui, garçon jardinier dans un couvent, y avait improvisé son talent de peintre et qui, ayant su offrir de successives et semblables improvisations à sa patrie en révolution, avait vu grandir ses services, son illustration, sa fortune, et s'était vu combler de la confiance de Napoléon qui a écrit de lui : « Conté est capable de créer les arts de la France au milieu des déserts de l'Arabie. »

Cette famille recevait Thenard dans l'intimité ; elle avait applaudi à tous ses succès ; rien dans son passé, rien dans sa modeste fortune n'était ignoré d'elle.

Mme Humblot eut cependant à deviner : heureusement en sa qualité de fille de Conté elle était fort ingénieuse ; elle devina donc que Thénard rêvait silencieusement à quelque grand succès qui lui donnât enfin l'audace de lui demander sa fille, que, avoua-t-il, il ne trouvait que trop belle et que trop riche.

Cet obstacle n'ayant pas paru insurmontable, notre savant se maria ; comme il était homme de sens, d'ordre, et qu'il savait entrer dans les détails de la vie pratique, il commença, dès ce moment, à édifier cette grande fortune, où se sont confondus les fruits de son labeur, de son alliance et de sa bonne administration.

VI

Le succès toujours croissant de l'enseignement de
Thenard était devenu pour lui la touche la plus sensible de son amour-propre. On le voyait, à chaque
leçon, déployer l'ardeur d'un général qui commande
sur un champ de bataille. Jamais il ne laissait rien
à l'imprévu ; ne faisant qu'un nombre restreint
d'expériences, il les voulait rigoureuses, frappantes,
présentées au moment précis, et, à la plus légère
inadvertance, au moindre mécompte, de rudes bour-
rasques venaient assaillir les pauvres aides, qui,
avec cette nature vive et emportée, eussent eu la
vie fort dure, sans les prompts retours et la loyale
bonhomie qui suivaient et réparaient ces algarades.

— Dans un cours, assurait Thenard, les élèves.
seuls ont le droit d'être comptés : professeurs, préparateurs, laboratoire, tout doit leur être sacrifié·

Un jour devant un auditoire nombreux, témoin
de l'une de ses humeurs, il consolait la juste susceptibilité de celui qu'il avait rudoyé en lui disant :

— Fourcroy m'en a fait bien d'autres ! cela donne
de la promptitude dans l'esprit.

Grâce à cette *promptitude dans l'esprit*, Thenard
se rendit maître d'un de ces pénétrants aperçus
qui ouvrent à la science des horizons nouveaux.

Nous voulons parler de la découverte de l'eau
oxygénée qu'il raconte en ces termes :

« C'était en 1818, je faisais à la Sorbonne ma

« première leçon sur les sels. — « Pour que les
« métaux s'unissent aux acides, disais-je, il faut
« qu'ils soient oxydés et qu'ils ne le soient qu'à un
« certain degré ; quand la quantité d'oxygène est
« trop grande, l'oxyde perd une partie de son affi-
« nité. » Comme exemple, j'allais citer le deutoxyde
de barium, quand un remords me traversa l'esprit :
l'expérience n'avait pas été faite.

« A peine rentré dans le laboratoire, je demande
de la baryte oxygénée ; j'étends de l'acide chlorhydrique avec de la glace, et j'en ajoute de manière à
avoir un liquide à zéro. — J'hydratai la baryte et
la mis à l'état voulu, je fis le mélange ; la baryte, à
mon grand étonnement, se dissout sans efferves-
cence sensible.

« Je m'éloignai, l'esprit préoccupé d'un fait aussi
anormal. Quand je revins pour la leçon suivante,
j'aperçus de petits globules attachés aux parois du
vase comme ceux que l'on observe dans un verre
rempli de vin de Champagne ; il s'échappait du milieu
liquide des bulles de gaz, assez rares du reste. Je
prends alors un tube fermé à la lampe par une de
ses extrémités ; j'y verse de ce liquide et je chauffe
bientôt des bulles très nombreuses se dégagent ;
gaz s'accumule dans la partie du tube restée libre
j'y plonge une allumette ; elle s'enflamme ; c'était
de l'oxygène.

« C'était aussi l'heure de faire ma leçon ; je la fis ;
mais elle se ressentit terriblement de ma préoccupation !... »

Thenard avait saisi la trace d'un fait tout nouveau ;
il crut d'abord avoir trouvé des acides suroxygénés ;

bientôt il s'aperçut que ces acides n'existaient pas.

— Serait-ce donc l'eau elle-même, l'eau seule qui s'oxygène ?

A peine cet éclair a-t-il traversé son esprit, que déjà le fait est prouvé par l'expérience.

VI

L'eau oxygénée était acquise à la science ; une voie nouvelle et féconde était ouverte.

Le bruit en retentit dans toute l'Europe. Les savants étrangers vinrent assister aux expériences, et Berzélius arriva de Stockholm, comme on arrive pour souhaiter une bienvenue.

Un matin il entre chez Thenard ; bien qu'ils ne se fussent jamais vus, aussitôt ils se reconnurent; c'était une application de la loi des affinités.

Bonnes gens l'un et l'autre, enflammés pour la même idole, et incapables de jalousie, ils se trouvèrent immédiatement vieux amis.

— Je viens, dit le grave Suédois, recueillir des connaissances dans votre France chimique que vous faites si grande et si riche. Votre eau oxygénée, je la verrai, n'est-ce pas ?

Il parla de Gay-Lussac, de son iode, nouveau corps simple, dont toutes les propriétés ont été par lui si nettement définies ; de son cyanogène, substance composée qui, dans ses combinaisons, affecte tous les caractères des corps simples.

— Et la belle théorie des proportions définies qui vous est due, l'oublierons-nous, reprit à son tour Thenard, cette révélation des lois immuables d'après lesquelles les corps se combinent est devenue le flambeau de la chimie.

— Je conviens, reprit le Scandinave que j'ai été assez heureux... Savez-vous, ajouta-t-il que vos récents travaux et ceux de votre ami font dire à Davy : Thenard et Gay-Lussac séparés sont plus forts que Thenard et Gay-Lussac réunis.....

Le temps impitoyable contraignit nos savants à se quitter. Thenard gagna au plus vite la Sorbonne, parvint à grand peine jusqu'à sa chaire, commença sa leçon ; les choses allaient au mieux, quand, par hasard, ses yeux s'étant portés vers un angle de la salle, il se trouble, croit à une vision, cherche à y échapper, mais l'émotion ramène son regard sur le même point.

Cette fois, ne doutant plus, il n'est pas maître de lui-même ; il balbutie, il s'égare. Le public s'en aperçoit et s'inquiète ; aussitôt sa présence d'esprit lui est rendue :

— Messieurs, dit-il, vous allez comprendre mon trouble.

Et montrant un coin de l'amphithéâtre :

— Messieurs, Berzélius est là !

A ces mots, un cercle se décrivit autour de l'illustre étranger : refoulés et respectueux, les étudiants éclatèrent en applaudissements, en trépignements si vifs que le bon Berzélius en fut tout abasourdi.

Vaincu par l'attendrissement , il oublia son

flegme et se laissa transporter sur un siège voisin de la chaire.

— Il est impossible, répétait-il, avec de tels élèves de n'être pas bon professeur.

« Je m'étais bien promis, dit-il plus tard à Thenard, de vérifier très secrètement si tout ce que la renommée m'avait appris de votre talent de professeur était exact. Je le trouve supérieur à votre renommée.

Ainsi que nous l'avons dit, Thenard étudiait alors les propriétés de l'eau oxygénée. Une d'elle est fort singulière ; Berzélius la nomma force catalytique. Plusieurs corps décomposent l'eau oxygénée sans paraître agir autrement que par leur présence. Le phénomène ne tient donc pas aux affinités ordinaires ; il ne tient pas à l'électricité, du moins à ce qu'il semble, car l'exploration la plus subtile n'a pu encore en découvrir, pendant l'opération, le moindre signe.

Serait-il dû a une force nouvelle ?

Thenard l'a cru, l'a dit. La force catalytique deviendrait, pensait-il, le lien théorique de toute une classe de faits, dont quelques-uns étaient déjà connus.

Dans un esprit aussi exercé, à côté de la joie de découvrir, vient toujours se placer la crainte de se tromper : il s'adjoignit les lumières d'un ami, chimiste des plus intrépides, conseil le plus éclairé : ils méditèrent longtemps, travaillèrent beaucoup ; Dulucq partagea l'opinion de Thenard ; ils laissèrent à l'avenir le soin de la conclusion.

VI

Nommé en 1810 professeur à l'École polytechnique, Thenard, associé par les travaux, l'âge et l'amitié à l'illustre phalange qui répandit sur cette création modèle un si vif éclat, aima autant qu'aucun de ses membres l'École d'un amour filial ; les progrès, les bienfaits de cet établissement furent une de ses joies ; chaque génération qu'il y instruisait contenait à ses yeux une promesse de perpétuité de gloire.

Membre du comité consultatif des manufactures, et doyen de la faculté des sciences, il fut créé baron en 1825.

En apprenant que cette nouvelle dignité, qui consacrait en sa personne le progrès de la science et notamment les services rendus par la chimie à notre industrie nationale, venait de lui être décernée, le modeste savant, l'ami généreux et dévoué se sentit froissé dans la vive sympathie qui l'unissait au campagnon aimé de ses travaux.

— Et Gay-Lussac, répétait-il avec agitation, pourquoi est-il écarté : autant que moi il a droit au titre qui m'est accordé.

En parlant ainsi Thenard oubliait qu'un jour il avait été courtisan et courtisan très habile : son bon cœur l'y avait entraîné. Plus que personne il avait admiré les magnifiques peintures de la coupole du Panthéon.

Ces grandes légendes de notre histoire nationale, si ingénieusement, si gracieusement racontées par le pinceau magique de Gros, excitèrent d'enthousiastes applaudissements lorsqu'elles furent mises au jour ; la curiosité semblait insatiable. Une foule sans cesse renaissante saluait le peintre des plus glorieuses épithètes, et promettait à son chef-d'œuvre l'admiration des générations, à venir.

Ces masses impressionnables et mobiles s'écoulèrent cependant ; le calme commença à renaître ; puis le silence reprit tous son empire ; quelques mois à peine se succédèrent et l'on trouva le sol de la nef jonché de plaques de couleurs différentes et de formes variées à l'infini.

Gros, averti, comprit aussitôt la portée du désastre. L'humidité avait pénétré les pierres, et la peinture, pénétrée et boursouflée, se détachait et tombait en écailles. Le désespoir de l'artiste ne put être adouci ni par la sympathie du public, ni par la véritable émotion du souverain. Celui-ci ne pouvait voir sans douleur se déchirer la page qui, dans cette épopée, lui était consacrée.

Thenard, qu'une amitié sincère unissait à Gros, avait, à la première nouvelle, commencé dans le secret une suite d'expériences qui le conduisirent à trouver un moyen de rendre imperméables les pierres les plus poreuses. Sûr du résultat, il se rendit à l'atelier de Gros.

— S'il vous était garant que la couleur résistât, repeindriez-vous la coupole ? lui demanda-t-il.

— Allez-vous-en au diable ! et ne me parlez plus de cela, répond brutalement Gros.

« Fourcroy lui en avait fait bien d'autres ! » Aussi Thenard s'en alla-t-il tranquillement dans son laboratoire attendre Gros.

La porte s'ouvrit effectivement bientôt pour livrer passage à l'artiste qui, d'une voix émue par la reconnaissance, murmura :

— Ce que vous m'avez dit serait-il bien possible ?

Thenard lui montre son travail. Gros, transporté, se rend aux Tuileries ; le soir Thenard y est mandé ; on l'écoute ; il parvient à convaincre et demande que Darcet lui soit adjoint ; on le lui promet ; on lui promet surtout un reconnaissant souvenir.

Notre savant, en emportant cette assurance, emportait aussi la conviction qu'il n'en userait pas.

Qui peut jurer de rien : un jour, quelques-uns des derniers fuyards d'un groupe que la police venait de disperser se glissent parmi les étudiants du cours de chimie et s'effacent dans le nombre,

A la sortie, on trouve gardes et sergents de ville disposés à suspecter tout le monde. Les plus patients s'irritent ; ceux qui ne le sont pas font tapage, on les arrête ; le bruit prend alors de telles proportions, qu'il parvient jusqu'au professeur : il se présente : à sa voix amie les étudiants se taisent. Il parlemente, mais la police lui refuse obstinément de lui rendre les prisonniers.

A force de patience cependant il obtient que tous les jeunes gens qui seront trouvés pourvus de notes seront relâchés comme étudiants : par là le plus grand nombre est sauvé ; une réponse judicieuse : une interrogation par lui posée, devient encore une planche de salut ; mais malheur à qui ne

prend point les questions chimiques en grand sérieux. Cinquante de ces malencontreux personnages sont conduits en prison.

En les voyant emmener, l'excellent cœur du bon
Thenard n'y peut tenir ; il court chez le ministre de
l'intérieur, il y est fort mal reçu ; chez le préfet de
police, plus mal encore ! Le voilà dans la rue, la
tête basse ;

— J'ai été trop sévère, se répétait-il à lui-même,
ce sont des ignorants.... des ignorantissimes....
Mais après tout on pourrait leur pardonner... que
faire ?

Soudain une lueur d'espérance traverse son esprit ;

— Et la coupole ! dit-il ; on m'a tant promis.

Aussitôt fait que dit. Il court aux Tuileries, parvient à grand'peine à être introduit, raconte tout
avec chaleur, franchise, respect : ce sont ses élèves, ses chers élèves, ses enfants, il répond d'eux.

— Oui, dit le roi (1) en souriant, mais ceux qui
ne savent pas la chimie ont été mis en prison !.....
Voyez mon ministre..... Le cas n'a pas été prévu.

A minuit, les portes de la prison s'ouvraient devant Thenard.

— Sortons tous, Messieurs, cria-t-il.

Puis s'arrêtant, il ajouta : — A une condition cependant, c'est que vous apprendrez la chimie !

_____

(1) Charles X.

VII

M. Thenard (1) considérait comme l'un des devoirs de la grande position scientifique qu'il s'était créée, l'affectueuse affabilité avec laquelle il ouvrait son salon à toutes les distinctions nationales ou étrangères; toutes y étaient accueillies; tous les mérites y étaient fêtés; tous les efforts y trouvaient encouragement et sympathie.

Abstraction faite de la puissance, de la faveur, de la fortune, il y avait pour chacun, de la part de la famille, aménité et grâce. Mais, sous cet éclat mondain, un reflet de coloris naïf survivait, qui rappelait l'origine rustique, le caractère de nos populations centrales, et donnait un charme particulier à la maison de M. Thenard; sous son influence, la rondeur, la bonté y étaient devenues la couleur locale.

(1) Nous croyons devoir faire ressortir l'exquise délicatesse de langage et le tact parfait qui ont inspiré à M. Flourens la seconde manière qu'il emploie, à partir de ce moment, dans la dénomination de son illustre confrère. Tant qu'il s'est agi de l'écolier, du savant, du professeur, il n'a pas dit autrement que « Thenard », mais maintenant que, de l'individualité scientifique il passe à l'homme privé, il a recours à une nuance qui, à elle seule, indique à un lecteur attentif que la vie qu'il raconte a changé de théâtre; ce n'est plus de Thenard, l'illustre représentant de la science qu'il parle : c'est de M. Thenard, l'homme privé, le chef de famille, le maître de maison.

A un temps où ces délicatesses de langage tendent à disparaître, nous croyons devoir insister sur ce modèle de bon goût qui se présente si naturellement à nous.

Grand, vigoureux, M. Thenard portait haut une tête forte qu'ombrageait une chevelure abondante et noire ; ses traits, bien accentués, étaient animés par un œil vif qui décélait la sagacité. On ne pouvait méconnaître en lui une de ces constitutions auxquelles la nature a prodigué tous les éléments d'une complète existence.

Les affections pouvaient-elles faire défaut à qui était si digne de les inspirer ? De sincères attachements ont apporté dans la vie de Thenard de douces joies. Pour lui, tout fut facile et simple, parce qu'il fut facile et bon ; ni la plainte, ni la rancune ne troublèrent ce cœur que plus d'une fois émurent les plus vives expressions de la reconnaissance.

Pendant une leçon faite à l'École polytechnique, il arriva un jour que l'un des produits nécessaires à la démonstration manqua, Thenard le demande avec impatience ; tandis que le préparateur court de toutes ses jambes, le professeur, comme moyen de gagner du temps, met la main sur un verre et le porte à ses lèvres sans examen.

Après avoir avalé deux gorgées, il le replace.

— Messieurs, dit-il avec sang-froid, je me suis empoisonné.

Un frisson électrique se produit aussitôt et fait pâlir tous les visages. Thenard démontre que c'est du sublimé corrosif qu'il a avalé, et ajoute que le blanc d'œuf en combat les effets.

— Qu'on aille me chercher des œufs, dit-il.

A peine ce mot est-il prononcé, que portes et fenêtres ne sont plus assez larges. On court, on se précipite, les consignes sont forcées, les cuisines aussi : point d'œufs.

Le voisinage, mis à contribution, est bientôt pillé ; chacun apporte sa part ; une montagne s'élève.

Pendant ce temps, un élève vole à la Faculté de médecine. Interrompant un examen, il crie :

. — Un médecin ! Thenard s'est empoisonné à l'École, en faisant sa leçon.

Dupuytren se lève :

— Vous entendez, dit-il, et il s'enfuit.

Un cabriolet se trouve sur son passage ; il y monte, fouette, arrive, saute à terre, abandonnant le tout.

Déjà, grâce à l'albumine, Thenard était sauvé. Mais Dupuytren exige l'emploi d'une sonde afin d'être sûr que l'estomac n'a absorbé aucune matière corrosive. Cet organe s'enflamme et, sauvé du poison, Thenard est mis en danger par le remède.

Il avait été reporté chez lui. De chez lui, les abords sont gardés ; les élèves de toutes les écoles se confondent pour l'entourer d'un triple rempart ; des sentinelles avancées se détachent pour éloigner les importuns : silencieux et mornes, tous attendent les nouvelles transmises de l'intérieur ; là, les plus capables ont peine à contenir leur zèle ; dans la sincérité de leur affection, ils envient à la famille ses privilèges ; on veille nuit et jour, sans relâche, sans fatigue, car cet homme qui exerce le tout-puissant empire de la bonté jointe au génie, est le bien de la jeunesse, elle veut le conserver. Chaque matin, des bulletins exacts sont affichés dans les grands éta-

blissements, sans qu'on sache quels en sont les auteurs.

Lorsque Thenard reparut dans sa chaire à la
Sorbonne, l'enivrement fut tel que chacun sortit
sans savoir précisément ce qu'il avait fait ; le professeur lui-même avoua ne pouvoir se rendre compte
que de la douce et profonde émotion qu'il avait res-
sentie.

Alors, de longues années de bonheur devaient encore s'écouler pour M. Thenard ; toutefois, à sa constance, étaient réservées de terribles épreuves.

Lorsque le grand âge semblait lui promettre la
part la moins cruelle, il vit s'éteindre les objets de
ses plus chères affections : sa belle-mère, cette
vieille amie qui avait préparé son bonheur ; puis sa
chère compagne, l'ange de sa vie, enlevée subitement ; elles échappaient au malheur affreux de voir
succomber, dans toute la force de la jeunesse, le plus
jeune enfant de M. Thenard ; un frère, une sœur,
un neveu suivirent.

Un fils, un fils bien cher, bien digne, bien tendrement aimé, restait seul.

— Je n'ose plus croire à son existence, disait le
malheureux vieillard.

A de telles douleurs, tant de fois renouvelées, il
n'opposa que le contrepoids doux et sage de la com-
passion : la fondation de la *Société des Amis des
Sciences* fut une hymne de reconnaissance inspirée
à cette belle âme par les souvenirs du passé.

A quatre-vingts ans, après lui avoir fait un legs
considérable, après y avoir affilié tous ses amis,
M. Thenard s'éteignit en en murmurant les statuts.

— J'espère, répétait-il, avoir formé un faisceau que rien ne devra plus rompre. J'espère que ceux qui cultivent les sciences, ceux qui les appliquent, ceux même qui seulement en sentent le prix, resteront unis pour les protéger...

BEAUVISAGE (Antoine-Jean)

(1786-1836)

———

I

Le père d'Antoine-Jean Beauvisage, teinturier à
Paris, avait épousé la fille du sculpteur Coypel (1).
Femme à l'intelligence développée, aux sentiments
élevés, sa tendresse n'eût pas manqué de culti-
ver, dans l'esprit et dans le cœur de son fils, les
facultés que la nature y avait placées, si sa santé lui
eût permis de se dévouer à cette œuvre d'éducation qui est la mission par excellence de la femme
et qui fait la gloire et la joie des mères.

Mais, presque constamment malade, elle ne put
s'occuper, comme elle l'eût désiré, de l'instruction
de son enfant; elle ne négligea rien toutefois pour
faire pénétrer dans cette jeune âme le germe de

———

(1) Coypel a laissé un nom distingué dans les arts. On lui
doit, entre autres, la chaire de Saint-Eustache, une fontaine
située près de cette église, et de remarquables **travaux dans**
la cour du Louvre.

8.

toutes les vertus sociales et privées. Elle visait à en faire un honnête homme et un homme utile, un citoyen dévoué et un bon père de famille, et elle y réussit.

Ses leçons cependant eurent une bien courte durée ; quand la mort la surprit, l'enfant était encore à cet âge où les **impressions** sont aussi rapides que vives, et il ne fallut rien moins que le grand amour, la profonde vénération et surtout le coup saisissant de cette séparation qui, prévue par tous, était pour lui une catastrophe inattendue, pour avancer et développer en lui cet enseignement, ces exemples maternels, dont il ne devait avoir que plus tard l'occasion d'apprécier et d'appliquer les principes.

Le déchirement, l'angoisse, et surtout la puissance sur l'esprit du jeune homme des dernières recommandations, du dernier adieu d'une tendre mère, empruntèrent aux circonstances dans lesquelles ils se produisirent pour Antoine Beauvisage, une force toute particulière. Mme Beauvisage mourut le jour d'une de ces fêtes, qui, à tous les âges, mais surtout dans l'enfance, sont désirées, attendues avec impatience, à l'occasion desquelles les affections de famille se retrempent, se ravivent, si l'on peut ainsi parler, et auxquelles, par conséquent, est attachée une idée de joie, de bonheur qu'il semble que rien ne puisse troubler.

Il faut avoir soi-même éprouvé tout ce que contient de contrastes la douleur d'un deuil personnel, se produisant en un de ces jours de joie générale, pour comprendre à quel point la tristesse de la famille frappée, peut en être augmentée ; à quel point surtout l'anniversaire ou plutôt le deuil anniversaire de cette perte emprunte, à cette circonstance en apparence peu importante, d'intensité et de persistance.

Beauvisage devait en faire l'épreuve, la *fête des rois*, cette gaie solennité du foyer domestique, si en vogue à l'époque où il vivait, et dont jusqu'alors il avait salué le retour avec cet enthousiasme enfantin, qui est un des plus grands charmes de la vie de famille, marqua, à partir de l'année où la mort entra au foyer paternel, le retour d'une douleur qui ne voulait pas être consolée.

Jamais le jeune homme, et plus tard l'époux et le père, ne permit que cette fête fût célébrée chez lui ; il évitait toute occasion d'en recueillir les échos, même chez les indifférents, et il n'était pas jusqu'aux étalages qui ont lieu, à cette occasion, chez les boulangers et les pâtissiers, qui ne l'émotionnassent au point de lui arracher des larmes.

Le père Beauvisage, comme beaucoup de ses contemporains, était un de ces hommes aux mœurs sévères, aux habitudes laborieuses qui, ne comprenant pas d'autres devoirs que ceux inhérents à leur vie journalière, à la profession qu'ils ont embrassée, n'imaginent pas qu'il puisse être nécessaire, ni même utile, d'élever ses vues et son ambition au-dessus des vertus domestiques et des connaissances usuelles, qui font le bon père de famille et le bon ouvrier.

Antoine-Jean devait être, comme son père et son grand-père l'avaient été avant lui, ouvrier teinturier ; qu'avait-il besoin d'étudier autre chose que la pratique de cet art? L'important était à ses yeux de commencer au plus vite l'étude, c'est-à-dire l'apprentissage du métier ; le reste était secondaire.

L'école fut donc entièrement subordonnée à l'atelier, et si, à dix-huit ans, Antoine-Jean était cité comme un excellent ouvrier, en revanche c'est à peine s'il savait lire, écrire et calculer. Cela n'empêchait point le brave teinturier d'être fier de son fils, et cela avec raison, car, aux bras solides, aux mains adroites, à l'énergie du travailleur courageux et habile, le jeune homme joignait un extérieur agréable, un caractère doux et bienveillant, un rare esprit d'ordre, d'économie, et, ce qui dans son métier surtout ne gâtait rien, cette rapidité, cette justesse d'observation nécessaires pour acquérir ce qu'en terme d'atelier on appelle *le tour de main*.

Toutefois, ce qui satisfaisait le père ne semblait pas suffisant au fils. Le souvenir de sa mère, peut-être celui de son grand-père Coypel et de quelques artistes de ses amis, lui avaient ouvert d'autres horizons.

Il ne lui suffisait pas d'être heureux et habile dans les manipulations qui lui étaient confiées, il visait plus haut : il eût voulu savoir la cause, le pourquoi des phénomènes dont il était le témoin et souvent l'intermédiaire.

La routine qui contentait ses camarades, qui leur plaisait même parce qu'elles les dispensait de réfléchir et les déchargeait de toute responsabilité, lui était à charge ; il résolut d'en rompre les liens.

Parmi les vieux amis qu'il chérissait en mémoire de sa mère, et dont l'influence heureuse ne fut étran-

gère à aucun de ses succès, un digne couple possédait surtout sa confiance.

Les époux Dupré appartenaient à cette petite
bourgeoisie parisienne, alors nombreuse et bien
distincte, que ses relations, sa simplicité de mœurs,
la modestie de ses ressources, et surtout ses vives
sympathies pour les travailleurs, retenaient sur les
limites de la vie ouvrière, tandis que ses habitudes
d'ordre et d'économie, les loisirs dont elle pouvait disposer pour s'instruire, et la fréquentation
d'un monde plus éclairé, plus poli, lui permettaient
d'exercer autour d'elle l'ascendant moral et intellectuel le plus heureux.

Si nous parlons *au passé* de cette classe intermédiaire, si respectable et cependant, généralement
si peu appréciée, c'est qu'elle a à peu près dis-
paru, du moins dans nos grandes villes.

Ce qui constituait, il y a encore un demi-siècle,
une fraction notable de la société française, n'est
plus parmi nous qu'un état intermédiaire, transi-
toire, que supporte impatiemment celui qui le subit et
dont la première, la plus grande ambition est de
ne pas le léguer à ses enfants. La médiocrité, où le
sage nous apprend que se trouve le bonheur, n'est
malheureusement plus ni dans nos goûts, ni dans
nos mœurs, et le paisible ménage Dupré n'a plus
que de rares émules.

Il est vrai d'ajouter qu'au sein des classes laborieuses elles-mêmes, le niveau intellectuel s'est sensiblement élevé. Ce qu'on ne rencontre plus que rarement dans une classe intermédiaire en voie de disparaître, on est donc en droit de le demander et de

le trouver dans celle qui lui a succédé, nous entendons chez l'ouvrier sérieux et instruit.

Quoi qu'il en soit, Beauvisage, dans ses incertitudes, recourait à ses amis et il s'en trouvait bien.

Un jour il arriva chez eux préoccupé, ému : on lui avait raconté des choses merveilleuses, touchant une science qui justement donnait la théorie des opérations qui déjà si souvent avaient éveillé sa curiosité.

Cette science, jusque-là circonscrite aux mystérieux travaux des laboratoires, tendait, assurait-on, à se vulgariser ; dans tous les cas, il n'était déjà plus douteux que, dans un avenir plus ou moins éloigné, elle ne revendiquât une large place dans la pratique industrielle.

— Et cette science s'appelle.... demanda Dupré.

— La chimie ! répondit Beauvisage, avec ce mélange d'emphase et de respect que les imaginations ardentes éprouvent pour les phénomènes merveilleux qui les frappent.

Dupré réfléchit un moment :

— En dehors des savants qui ont, paraît-il, révolutionné depuis quelques vingt ans cette science, il est une corporation assez nombreuse, qui s'en occupe, dit-il enfin : ce sont les pharmaciens ; si tu crois réellement que cette étude puisse t'être profitable, pourquoi ne tournerais-tu pas tes vues de ce côté ?

Beauvisage saisit la balle au bond, et il fut convenu que Dupré ferait une démarche pour lui ouvrir l'accès du laboratoire d'un pharmacien de sa connaissance.

Le digne apothicaire se montra très disposé à recevoir chez lui le protégé de Dupré; seulement il posa deux conditions : une somme d'argent à payer en entrant et un apprentissage de plusieurs années.

Ces conditions étaient inacceptables pour Beauvisage qui ne vivait que du produit de son travail, et qui, de plus, n'avait pas la moindre velléité d'abandonner la profession qu'il aimait, qui avait été celle de son père, et dans laquelle il sentait qu'il se distinguerait un jour.

Il n'y avait pas alors, pour l'enseignement des sciences, les ressources que nous possédons : aucun cours que l'ouvrier peut suivre à ses heures de loisir ; point de laboratoires publics ; pas même de ces traités élémentaires qui se trouvent maintenant sur les tables de la plus petite école.

Le prix élevé des ouvrages scientifiques ne les mettait pas à la portée de tout le monde, et, d'ailleurs, qu'auraient compris à ce genre d'ouvrages les hommes même les plus intelligents, s'ils n'en avaient d'abord cherché la clef dans les leçons d'un maître et dans les manipulations d'un laboratoire ?

Beauvisage se lamentait ; il lui arriva un jour de citer devant ses vieux amis le nom de Vauquelin.

Ce nom fut une révélation pour le bon Dupré.

— Mais je le connais un peu, s'écria-t-il, ou plutôt je connais des amis à lui... Je lui ferai parler, sois tranquille.

La démarche ainsi promise fut faite, et Vauquelin, qui était déjà en réputation comme chimiste, consentit à voir le jeune ouvrier, à causer avec lui, et, s'il était aussi intelligent, aussi ardent pour l'étude qu'on le lui dépeignait, à l'admettre parmi ses élèves.

La visite eut lieu, l'assurance modeste du jeune homme, la justesse de ses raisonnements, sa bonne mine lui valurent la bienveillance du savant.

..... Mais, ainsi que nous le disons dans la biographie de Thenard, si Vauquelin pouvait dès lors tendre une main protectrice et amie aux jeunes gens avides de savoir, s'il pouvait les encourager dans leur voie, l'état de gêne dans lequel il vivait lui-même ne lui permettait pas de leur ouvrir gratuitement son laboratoire.

Beauvisage fut terrifié à l'annonce de cette difficulté qui surgissait devant lui juste au moment où, ivre de bonheur, il croyait toucher enfin au but si ardemment convoité.

Comment prélever 20 francs, le minimum à payer chaque mois, sur son salaire de 2 francs par jour!...

— Bast! pensa-t-il, je vivrai de pain et d'eau, s'il le faut.

Et il prit place parmi les plus fervents disciples du maître.

Prélever plus du tiers de son gain — on ne travaillait pas alors le dimanche, — lorsque ce gain est à peine suffisant pour fournir aux plus impérieuses nécessités de la vie, n'est pas une entreprise facile. Beauvisage ne devait pas tarder à en faire l'expérience.

La redevance du cours se versait, à la fin de chaque mois, entre les mains des garçons de laboratoire qui, fidèles à leur consigne, ne manquaient pas de *presser*, voire même de *harceler* les retardataires. Dès le second mois, Beauvisage prit place parmi ceux-ci. Ses excuses, ses acomptes furent d'abord bien reçus, mais les exigences du receveur grandissant à mesure qu'augmentaient l'embarras, la timidité et la pénurie du débiteur, on en vint jusqu'à relancer le pauvre étudiant jusque sur les marches de l'amphithéâtre.

Beauvisage, comme tous les hommes d'un mérite réel, possédait cette fierté native qui n'est autre chose que le sentiment de sa propre valeur. Peut-être, cependant, se fût-il résigné à subir ces humiliations ; mais ce courage même lui était interdit : il fallait ou s'exécuter, ou se retirer, c'est-à-dire renoncer à cette belle science qui expliquait si clairement les causes et les effets dont il s'était si longtemps demandé le secret et, par suite, renoncer à tous ces rêves de progrès, d'invention peut-être, qu'il avait si ardemment caressés !

Combien d'hommes, plus capables encore que celui qui nous occupe, et destinés à une célébrité plus grande, se sont trouvés en butte à des difficultés semblables et ont eu à lutter aussi avec la misère !

Les épreuves de ce genre sont certes regrettables, cependant elles ont un indéniable avantage : elles offrent aux organisations fortes et puissantes l'occasion de se développer ; elles mettent en lumière des qualités cachées, dont celui qui les possède ne soupçonnait pas l'existence au fond de son âme ; parfois même elles engendrent ces qualités. Tous les genres de génie, en effet, même ceux de l'ordre le plus humble, se raidissent contre les obstacles matériels et, pour l'ordinaire, finissent par les surmonter.

Tel devait être le sort de Beauvisage ; deux ressources inattendues s'offrirent à lui : ce fut d'abord un camarade qui, ému de sa profonde tristesse, lui arracha son secret et mit généreusement à sa disposition ses modestes économies. Comme Beauvisage s'excusait d'accepter un prêt dont il n'entrevoyait pas l'époque de remboursement :

— Ne t'inquiètes pas, lui dit son ami, tu me rendras cela quand tu seras célèbre et... riche.

Beauvisage hocha doucement la tête : Célèbre et riche ! Il était loin de viser si haut. Cette confiance d'un camarade qui le connaissait et qui pouvait le juger, si elle ne parvint pas à s'imposer à l'esprit sérieux du jeune et modeste travailleur, comme un gage certain de succès, fut cependant pour lui un puissant stimulant ; ces deux mots : *célèbre* et *riche* auxquels il joignit *honnête* et *utile,* ne devaient plus s'éloigner de sa pensée ; ils précisaient le but qu'il ne pouvait atteindre qu'à force d'étude, de travail, de persévérance et de probité.

Mais l'argent, si affectueusement offert par l'amitié, ne pouvait durer toujours ; les embarras allaient recommencer.

Un dimanche, qu'échappé à la lourde atmosphère des quartiers populeux de Paris, notre jeune travailleur réfléchissait tristement à sa situation, ses regards s'arrêtèrent tout à coup sur les boucles de ses souliers, dont un joyeux rayon de soleil faisait scintiller les facettes : des boucles superbes, en argent ciselé, présent de son père, qui les avait reçues autrefois du grand-père.

Ce fut pour le jeune homme toute une révélation ; il lui sembla que ces jeux de la lumière sur le métal précieux avaient un sens mystérieux.

— Tu portes, lui disaient-ils, une lumière plus durable que celle que peut allumer le soleil lui-même, le soleil, notre foyer et le roi de la création ! Que sont, en effet, ses rayons, tout vivifiants qu'ils soient, comparés à cette lumière latente qui dort dans le cœur de l'homme et dont le savoir, la volonté peuvent faire jaillir une de ces étincelles qui changent les destinées d'un peuple ; qui transforment une société ; qui modifient et améliorent un art, une industrie... Qu'as-tu besoin que nous brillions à tes pieds, lorsque tu peux faire de notre éclat momentané un trésor plus durable ; un trésor que la mort même ne t'arrachera pas, car l'homme qui, en quittant la vie, en perd à jamais tous les biens, laisse derrière lui le fruit de ses travaux et emporte avec lui le mérite de ses œuvres....

Le lendemain, les boucles étaient vendues et Beauvisage avait devant lui la certitude de plusieurs mois d'études.

La fête de saint Maurice devait ajouter encore à ce trésor ; voici comment :

Il était d'usage alors que pour célébrer dignement — ou plutôt largement — la fête du glorieux chef de la Légion thébaine, que les teinturiers ont pris pour patron nous ne savons trop pourquoi, à moins que ce ne soit par suite de l'analogie qui existe entre la pourpre, la reine des couleurs, et le sang généreusement versé par l'illustre martyr; il était d'usage, disons-nous, qu'aux approches de la Saint-Maurice les ouvriers teinturiers se rendissent en visite chez les clients de l'atelier où ils travaillaient. La signification de cette démarche n'était ignorée de personne et les clients s'exécutaient, plus ou moins généreusement, mais sans que les visiteurs eussent aucune demande directe à leur adresser.

Le montant de la collecte était, selon les circonstances, dépensé de concert ou fraternellement partagé.

Beauvisage s'était, dès son apprentissage, senti blessé dans sa dignité par cet usage, auquel il avait constamment refusé de prendre part. Toutefois, le tact qu'il avait mis en formulant ce refus, lui avait fait pardonner le blâme qui en résultait pour ses camarades, et ceux-ci, avec une délicatesse inspirée par la sienne, s'étaient toujours efforcés de lui faire accepter ce qui lui revenait de cette aubaine.

Or, l'année dont nous parlons, Beauvisage, un peu souffrant depuis quelque temps, dut garder le lit le jour de la Saint-Maurice. Le soir, ses camarades montèrent chez lui, et, en le quittant, ils déposèrent discrètement, au coin de sa commode, la quote-part qui lui revenait de la quête du matin. Quand le jeune ouvrier s'en aperçut, il n'était plus temps de faire opposition à ce présent, qu'il ne put d'ailleurs considérer que comme un secours de la Providence qui remplissait ainsi inopinément et juste à point, son escarcelle d'étudiant, presque vide.

Plusieurs petits cadeaux des amis de sa famille, cadeaux sur lesquels il ne comptait pas, se succédèrent ensuite, et permirent au courageux jeune homme d'attendre le moment où Vauquelin, qui l'avait depuis longtemps distingué, le fit entrer aux Gobelins dont le directeur, M. Roard, le prit en amitié.

Avant de suivre notre héros dans cette nouvelle période de sa vie, nous devons mentionner une des épreuves qui eussent pu dégoûter de la science une nature moins résolue, un caractère moins ferme que le sien.

Les hommes réunis en société ne voient généralement pas de bon œil qu'un d'entre eux fasse des efforts qu'eux-mêmes ne sont pas portés à faire.

C'est-là l'éternelle histoire de l'écolier dissipé s'efforçant de distraire, de détourner de l'étude, les camarades dont l'application fait ressortir et condamne sa légèreté ; de l'ouvrier paressenx, ou simplement routinier, qui ridiculise la généreuse ardeur et l'impatient désir de s'instruire du compagnon intelligent et sérieux qui a l'ambition de se rendre compte de ce qu'il fait et de perfectionner son travail.

Beauvisage ne devait pas échapper à cette règle générale :

— La chimie, disait-on, lui faisait perdre beaucoup de temps ; c'était d'ailleurs une marotte qui jamais ne lui servirait à autre chose qu'à l'élever au-dessus de son état ; il deviendrait un piètre ouvrier, si toutefois, son cerveau surmené n'éclatait point au paravant. La folie ou la misère, tel était le lot que lui préparaient son orgueil et son ambition.

Ces propos, et une foule d'autres du même genre, ne découragèrent point celui qui avait résisté aux attaques autrement terribles des difficultés pécuniaires et des humiliations qui en résultent ; mais elles lui firent prendre en dégoût l'atelier où il avait grandi et où, au lieu des amis qu'il croyait s'être faits, il ne trouvait que des contradicteurs et des jaloux.

Ce fut une rude école pour cette nature confiante et affectueuse ; ses amis qui virent sa souffrance lui conseillèrent de couper court, en changeant d'usine, à un état de choses qui ne pouvait que s'aggraver.

Beauvisage entra alors dans la maison Gonin, dont il devait devenir un peu plus tard le concurrent redoutable.

Gonin et ses ouvriers ne tardèrent pas à l'apprécier et à l'aimer ; sa supériorité intellectuelle incontestable, son tour de main habile et rapide, sa probité consciencieuse, et, enfin quelques essais ingénieux, lui valurent une considération méritée ; aussi, lorsque son entrée aux Gobelins lui fit quitter son patron et ses nouveaux camarades, éprouva-t-il de sincères regrets.

III

Nous ne profiterons pas de l'entrée de Beauvisage aux Gobelins pour introduire, sur ses pas, nos lecteurs dans cette manufacture célébre que nous leur avons fait connaître déjà.

Nous dirons seulement que M. Roard, à qui la direction en était alors confiée, praticien aussi habile qu'infatigable, suivait de près ses ouvriers; travaillait quand il le fallait avec eux; en un mot ne négligeait aucune occasion de les former et, au besoin, de leur emprunter l'idée ou l'exemple de quelque modification heureuse.

Les connaissances en chimie de Beauvisage, et le parti qu'il savait en tirer, l'intéressèrent à lui d'une manière particulière. Habile chimiste lui-même, il compléta l'œuvre de Vauquelin, ou plutôt il précisa plus spécialement l'application des leçons du maître à l'art de la teinture. Beauvisage acheva de se former sous sa direction; des liens étroits ne tardèrent pas à attacher ce cœur reconnaissant à un établissement où il avait trouvé d'aussi précieuses leçons, et qu'il eût cependant le bon esprit de quitter bientôt.

Les vues du jeune ouvrier n'étaient, en effet, nullement d'accord avec l'organisation et le but de la manufacture des Gobelins. Ce qu'il se proposait, c'était d'élargir, d'améliorer l'art de la teinture, au point de vue de la pratique; d'en faire une des grandes industries de la France, capable de rivaliser non seulement sous le rapport de la théorie, mais encore, et surtout, sous celui de la mise en œuvre, avec les teintureries de tous les autres pays du monde.

Les Gobelins avaient été pour lui une merveilleuse école, mais il ne devait pas s'y attarder ;

M. Roard fut le premier à lui conseiller d'aborder promptement ce que nous appellerons le côté partique du métier, et il lui facilita l'entrée d'un atelier considérable d'Amiens.

Beauvisage apporta dans cette maison des procédés perfectionnés, des idées neuves qui doublèrent rapidement son importance.

Le chef de la maison, au lieu d'être reconnaissant de ces progrès qui lui assuraient fortune et renommée, se montra ingrat et jaloux. Une fois maître des procédés de Beauvisage pour la teinture des alépines, il fut si déraisonnable avec le jeune inventeur que celui-ci dut le quitter. Beauvisage eut la délicatesse, néanmoins, pour ne pas créer de concurrents fâcheux à son premier patron, de refuser les offres des autres teinturiers d'Amiens; il alla à Reims où ses services furent mieux appréciés.

C'est là que le trouvèrent les événements de 1815. On sait ce que fut dans toute la France, et en particulier dans cette région, la crise industrielle causée par la présence de l'étranger sur notre territoire.

Les manufactures se fermèrent, les ouvriers se dispersèrent, Beauvisage revint à Paris.

IV

Nous avons eu affaire jusqu'ici à un ouvrier intelligent, capable, mais qui ,dans son impuissance d'action, consume inutilement, au service d'hommes qui lui sont inférieurs par la portée de leur esprit et par l'étroitesse de leurs vues, les facultés créatrices dont la nature, l'étude et l'expérience l'ont doté.

A Paris, un homme le comprend enfin : Ternaux le rencontre par hasard, le juge à première vue, n'hésite pas à faire de lui un chef de maison et lui propose de le commanditer largement.

Beauvisage est plus prudent que son généreux patron : il veut des commencements modestes.

Il s'établit avec deux cuves seulement dans une petite rue de la Cité où son début est un chef-d'œuvre.

Les mérinos, nous apprend M. Leclerc, ne se coloraient qu'en rouge, vert, bleu ou violet; à force de recherches, d'essais et surtout de persévérance, l'habile protégé de Ternaux arrive à donner à ce beau tissu les nuances les plus variées et les plus élégantes.

Son nom commence à se répandre, on vient le voir, on lui donne du travail ; il ne peut suffire aux commandes qui lui arrivent de toutes parts ; il faut qu'il s'agrandisse.

Ses procédés, dont il a la patriotique générosité de ne pas faire grand mystère, se propagent et de nombreuses teintureries, en grand, sont créées autour de la sienne.

Paris lui doit l'importance que prend soudain cet art dans sa couronne industrielle, importance qui, à partir de ce moment, ira toujours en augmentant.

Sur ces entrefaites, la Société nationale d'encouragement à l'industrie met au concours la fabrication d'une couleur rouge, à obtenir par l'emploi du lack-dye dans des conditions économiques dont les Anglais, qui en sont les inventeurs, nous cachent scrupuleusement le secret.

Beauvisage joint ses efforts à ceux de M. Roard ; après avoir travaillé de concert pendant toute une année, les deux collaborateurs renoncent au succès.

Bientôt Beauvisage reprend courage ; il se remet seul à l'œuvre ; il essaie de nouveau, il tâtonne... il réussit ! La médaille lui est décernée, l'emploi du lack-dye se généralise et le prix de la cochenille que ce produit remplace pour un grand nombre de teintes ponceau et écarlate, baisse, comme prix, de 80 0/0.

Ce triomphe — le mot n'est pas exagéré — eut satisfait l'ambition d'un homme moins épris que ne l'était notre héros de l'art qu'il pratiquait ; pour lui ce fut un stimulant de plus.

— Noblesse oblige ! disait-il gaiement à ceux qui voulaient lui persuader de borner désormais ses soins au labeur ordinaire d'un chef de maison ; et guettant sans cesse l'occasion de réformer une coutume routinière, d'introduire un progrès, il ne quittait ses cuves que pour passer dans le petit laboratoire où il expérimentait les modifications dont la pratique lui donnait l'idée.

En lui, si l'on peut ainsi parler, l'industriel était doublé du savant, et c'est dans cet assemblage, qui n'étonne aujourd'hui personne, car il se rencontre dans la plupart des directeurs de nos usines, mais qui alors était une nouveauté hardie et heureuse, c'est dans cet assemblage, disons-nous, que se trouve l'explication, à la fois, de l'immense succès de Beauvisage et de l'impulsion plus grande encore donnée par lui à l'art de la teinture.

V

Le bonheur qui, depuis qu'il s'était établi, avait accompagné Beauvisage, se trouva tout à coup, en 1824, rudement menacé.

Une expropriation, basée sur des travaux de voirie, lesquels quinze ans plus tard, n'étaient pas encore commencés, ce qui justifia l'opinion qui attribuait cette mesure à quelque animosité ou jalousie personnelle à Beauvisage, obligea celui-ci à transférer dans un bref délai, son établissement sur un autre point de Paris.

Ce changement était d'autant plus fâcheux pour Beauvisage qu'il concordait avec un état déplorable de santé ; criblé de rhumatismes, presque perclus, il ne marchait que très péniblement et à l'aide de béquilles.

Les jaloux se croyaient près de triompher et ses amis se demandaient avec inquiétude comment il subviendrait à des démarches, à des soins si compliqués, lorsqu'on apprit que non seulement il avait trouvé dans l'île Saint-Louis, un local dont on commençait l'appropriation, mais encore qu'il se proposait, non d'y transférer simplement son ancien matériel, mais d'y adapter un système qui n'avait jamais encore été essayé pour la teinture : le chauffage par la vapeur.

La peine, la fatigue, que [prit à cette occasion le courageux manufacturier eurent un résultat inattendu : elles firent disparaître ses rhumatismes ! Par malheur le contre-coup de cette énergique médication amena une inflammation d'estomac que le docteur estima, sinon aussi embarrassante pour son malade, du moins plus dangereuse ; Beauvisage se laissa d'abord soigner patiemment ; mais bientôt voyant que tous les remèdes qu'on lui prodiguait semblaient irriter ses souffrances au lieu de les calmer, il déclara qu'il prétendait se traiter lui-même. Grâce à un régime alimentaire très sévère, il parvint, sans renoncer, un seul jour, à ses incessants travaux, à recouvrer la santé.

Les fatigues, les dangers même ne lui manquaient pas ; mais son énergie et son sang-froid n'étaient jamais en défaut.

Nous n'en donnerons qu'une preuve : Il avait l'habitude de passer chaque semaine l'inspection de ses chaudières à vapeur. Un soir, il examine un de ces appareils à peine vide de l'eau bouillante qu'il contenait quelques instants auparavant. Il s'y était produit une légère avarie dont la réparation, confiée à un ouvrier, eût exigé beaucoup de temps, tandis qu'il pouvait l'exécuter rapidement sur place.

Or, on était très pressé d'ouvrage, le temps était précieux ; il n'hésite pas et, sans même appeler quelques-uns de ses hommes pour l'assister, il descend dans la chaudière.

Avant qu'il ait eu le temps de commencer son

travail, la chaleur l'étreint, elle le suffoque et ne lui permet même pas d'appeler.

Personne ne l'a vu descendre dans ce four embrasé; il va y périr asphyxié. Il se recueille pour se préparer à cette fin terrible. Ses yeux se ferment une seconde, toute sa force de volonté se concentre sur un même point : la tendresse de sa femme et de ses enfants... Il veut vivre pour eux!... Il vivra!...

Et avec une énergie surhumaine, il se redresse, il s'accroche aux parois, il parvient à élever sa tête jusqu'à l'ouverture, il aspire un peu d'air frais... Il est sauvé !

On peut juger par ce fait, et du développement que Beauvisage avait su donner à ses forces physiques, et de son énergie morale.

Dur et exigeant à cet égard pour lui-même, il l'était aussi pour tous ceux qui l'entouraient. Estimant qu'il est du devoir d'un père, d'un patron, de développer, chez ceux qui dépendent de lui, les qualités morales et physiques qui font de l'homme cet être vraiment supérieur, auquel toutes les autres créatures peuvent être soumises, il n'épargnait rien pour pénétrer de cette vérité ceux qui dépendaient de lui.

Ses trois fils aînés et son frère avaient été pliés par lui à la sévère discipline du travail et initiés ensuite et peu à peu, à tous les procédés de fabrication, à tous les soins de direction et d'administration, que doit connaître à fond un chef d'atelier.

Cette sage prévoyance fut une des bases du succes de son entreprise et, surtout, de la durée de ce succès.

Dans les dernières années de sa vie, les travaux de son établissement se trouvèrent ainsi, d'eux-mêmes et en quelque sorte naturellement, si bien divisés, qu'il n'y eut plus pour lui qu'une surveillance générale à exercer.

Il put alors consacrer les soirées à ses délassements de prédilection : la musique, pour laquelle il était passionné, l'anatomie, la physiologie et, à un certain moment, la phrénologie, dont les données conjecturales piquèrent vivement sa curiosité.

V

Nous voici arrivés au côté par lequel l'œuvre de Beauvisage, qui tout entière du reste, appartient à notre sujet, s'y rattache cependant d'une manière plus particulière.

Nous voulons parler de la question des apprêts dont il fut, si nous ne nous trompons, un des premiers et certainement un des plus habiles introducteurs et promoteurs en France.

Ce point si important et jusque-là si négligé de la teinture, avait de bonne heure fixé l'attention de l'habile ouvrier; dès l'époque où, de concert avec M. Roard, il cherchait à appliquer le lack-dye à la teinture en rouge, nous le voyons se préoccuper du moyen de donner aux tissus cette égalité de surface, ce brillant qui les rendent si agréables à l'œil.

Il devait s'en occuper jusqu'à son dernier jour et il mettait tant d'ardeur à ses recherches, qu'il lui arrivait souvent d'interrompre, la nuit, son repos, pour noter les pensées qui se présentaient sur ce sujet à son esprit.

C'est à lui qu'est due cette théorie fondamentale qui, en se répandant, a puissamment contribué au perfectionnement des étoffes françaises; savoir : « *l'état dans lequel un tissu est saisi par une forte chaleur humide ne peut être changé que par une chaleur plus intense.* »

Les rivaux de Beauvisage profitèrent de cette découverte, mais ils lui rendirent toujours cette justice, qu'il était demeuré supérieur dans l'application, attendu qu'il l'améliorait sans cesse par mille procédés de détail.

Parmi ces procédés, nous devons mentionner l'introduction, en France, d'un modèle anglais, accomplie dans des circonstances qui méritent d'être rappelées.

Pendant un voyage qu'il fit, vers 1823, en Angleterre, il eut occasion de voir une petite machine à apprêter qui était à peu près délaissée parce qu'elle était imparfaite. Le principe cependant était bon; il le saisit, l'appliqua dans de meilleures conditions et lui dut, en partie, la douceur, le velouté, le soutien, le brillant ou le mat qu'il était si habile à donner aux étoffes qu'il traitait.

Dans ce même voyage, il devina plutôt qu'il n'apprit chez nos voisins d'outre-Manche, une multitude de petits procédés de détail qu'il appliqua ensuite chez lui.

Il imita plusieurs de leurs apprêts et les améliora encore, car ce que, par une étrange aberration d'esprit, on ne veut pas toujours admettre en France, et ce qui est cependant rigoureusement vrai, c'est que nous l'emportons pour l'apprêt, dans plusieurs genres de tissus ; les Anglais le savent bien et beaucoup d'entre eux en conviennent.

Or, toute supériorité en cette matière a une immense importance ; nos lecteurs le comprendront s'ils veulent bien se souvenir de ce que nous avons dit dans la rapide étude sur la teinture placée en tête de ce volume.

Ce fut donc principalement la perfection de ses apprêts qui fit la renommée et assura la fortune commerciale de Beauvisage.

L'usine de l'île Saint-Louis devint un établissement modèle, auquel bientôt il fallut ajouter une succursale dont l'importance ne devait pas tarder à atteindre et même à dépasser celle de la maison mère.

Au lieu de transférer celle-ci sur un terrain plus favorable au point de vue de son extension, dans la banlieue de Paris, comme on le lui conseillait, Beauvisage préféra la conserver telle quelle, mais en lui donnant une annexe en province.

Des calculs très sages le conduisirent à fixer son choix sur le petit village de Daours, dont la situation près d'Amiens, c'est-à-dire au centre des grandes industries du nord de la France, où la main-d'œuvre et le combustible sont moins chers, lui offrait un avantage précieux auquel se joignaient l'abondance, la qualité des eaux, et la vie à bon marché.

A la fin de 1834, l'usine de Daours était en pleine activité ; autour des vastes et beaux bâtiments de l'exploitation industrielle se développait ou plutôt se transformait avec une rapidité merveilleuse le vieux et pauvre petit village. Les anciennes maisons agrandies, de nouvelles demeures construites comme par enchantement, recevaient une population active, honnête, économe, comme l'était et l'avait toujours été le maître, dont les encouragements, les conseils, au besoin l'aide, et, en toute occasion, l'exemple, ne manquaient à personne.

Avec le travail se répandaient l'aisance et le bien-être ; un centre ouvrier considérable était créé. Des écoles y étaient fondées, que devaient bientôt suivre ces établissements de prévoyance qui facilitent au travailleur la pratique de l'excellent conseil de Franklin :

« *Arrange-toi de façon, quel que soit ton salaire, à épargner, ne fût-ce qu'un sou, sur ton gain de chaque jour.* »

Beauvisage se complaisait dans ces créations philanthropiques qu'il multipliait également dans ses deux usines ; il en était fier, plus encore pour le bien qu'elles faisaient à ceux qui y étaient employés que pour le profit qu'Il en tirait, et pour tout ce que cette large et belle organisation ajoutait à sa renommée.

Considéré à ce point de vue, Beauvisage nous apparaît sous un aspect plus remarquable, plus honorable encore que ceux sous lesquels nous l'avons déjà présenté à nos lecteurs.

9

Le père de famille surpasse en lui l'ouvrier et le chef d'industrie.

Et, par ce mot, famille, nous n'entendons pas le petit groupe qu'unit le lien du sang ; nous étendons le mot, nous élargissons le groupe de façon à y comprendre tous ceux qui, à quelque titre que ce soit, dépendaient de ce vénérable vieillard.

N'était-il pas, en effet, leur père à tous ?

Ouvrier et fils d'ouvrier, la prospérité ne lui avait pas fait oublier le passé.

— Mes mains que vous voyez blanches, se plaisait-il à dire, ont été noires à force d'être plongées dans la cuve ; chaque fois qu'un ouvrier m'adresse la parole, ce souvenir me revient à l'esprit et je m'efforce de le traiter comme j'aurais voulu alors qu'on me traitât moi-même.

A ceux qui lui demandaient combien lui *rapportaient pour cent* ses idées et surtout ses **créations** philanthropiques :

— Beaucoup, répondait-il, beaucoup plus que vous ne pouvez l'imaginer. Quand j'ai commencé à m'occuper du sort de mes ouvriers, je ne songeais en aucune façon à mes intérêts ; maintenant je continuerai par spéculation ce que j'ai d'abord fait par pure philanthropie... Ce que j'ai gagné, le voici : à la place d'ouvriers négligents, maladroits ou malveillants, je me suis fait des *collaborateurs* zélés, intelligents, consciencieux. J'ai gagné que mes ateliers sont toujours au grand complet, malgré les *lundis*, le *carnaval* et les *agitations de la place publique*. Il me suffit d'un simple avertissement pour qu'à l'heure précise, chacun soit à son poste et personne n'ignore ce que c'est que cent ouvriers perdant chacun une heure par jour ! De là, économie de temps, d'ustensiles, de matériaux, profit incontestablement réel, sans compter ma réputation d'exactitude et de soin dans les commandes qui me sont confiées... »

· Dans cette énumération, Beauvisage oubliait un *gain non moins réel :* l'affection de tous ces braves cœurs que la bonté du sien avait si bien su conquérir.

Si, comme nous l'espérons et [le croyons fermement, quelque chose de nous-mêmes et de nos sentiments survit à la dissolution de la partie matérielle de notre être, ce *quelque chose* dut tressaillir, sous la froide enveloppe de Beauvisage, lorsque l'annonce imprévue de sa mort mit en mouvement toutes ces affections dont il était l'objet.

C'était le 25 mai 1836, à six heures du matin, les travaux commençaient à l'île Saint-Louis lorsque, tout à coup, une nouvelle se répand comme une traînée de poudre dans les ateliers.

Beauvisage, parti la veille en excellente santé, n'existe plus ; un essieu de la diligence s'est brisé et il a été tué sur le coup !...

Nous n'essaierons pas de peindre la désolation générale, dont l'écho alla vibrer dans toutes les poitrines.

La dépouille mortelle arriva le lendemain de Villeneuve-sous-Dammartin, théâtre de la catastrophe.

Tout le personnel de l'usine s'était porté à sa

rencontre, des larmes étaient dans tous les yeux, des sanglots soulevaient toutes les poitrines.

Les braves ouvriers réclamèrent, comme un droit, de partager avec la famille de leur bienfaiteur, de leur père, la douloureuse satisfaction de veiller auprès de son corps ; ils ne permirent pas à des mains étrangères de lui rendre aucun des derniers devoirs, et ce fut sur les épaules de six d'entre eux, relayés de distance en distance, que le cercueil fut porté, d'abord à la vieille église de Saint-Louis-en-l'Ile, où jamais ne s'étaient vues des funérailles plus touchantes, et ensuite au cimetière.

Le deuil était général ; les femmes, les enfants, les amis de chacun des travailleurs de l'usine s'y associaient et un même éloge s'échappait de toutes les lèvres :

— C'est véritablement un homme de bien, un homme de dévouement, un homme utile qui vient de mourir !...

VERGUIN (Emmanuel) [1]

I

Nous n'avons jusqu'à présent présenté à nos lecteurs, dans cet ouvrage, que des savants éminents, des chercheurs infatigables dont l'esprit d'observation et le génie d'investigation, fouillant patiemment les richesses et les procédés de la nature, lui arrachaient victorieusement ses secrets.

Ici, — du moins en ce qui touche à Verguin, — ce n'est plus une de ces conquêtes brillantes due à l'initiative et aux calculs de l'homme de science qui va nous occuper, mais un de ces coups heureux de fortune qui font jaillir parfois une lumière inattendue d'essais entrepris presque au hasard.

Verguin appartenait à une famille qui, en s'imposant les plus durs sacrifices, parvint à lui fournir les moyens de faire les études nécessaires pour développer une facilité et des aptitudes dont les premiers maîtres de l'enfant s'exagérèrent, comme il n'arrive que trop souvent, la portée.

(1) Malgré toutes nos recherches, nous n'avons pu nous procurer, la date, ni de la naissance ni de la mort de Verguin.

Verguin se crut, — et ses parents partagèrent sa dangereuse illusion, — appelé à se faire un nom dans la science, et c'est du côté de la chimie qu'il tourna ses vues.

Peut-être, avec des habitudes plus sérieuses, avec un travail plus assidu, fût-il arrivé à se créer une individualité scientifique en harmonie avec ses désirs; mais le feu sacré, qui pousse sans cesse en avant le véritable savant, lui manquait. Il se contentait de suivre les chemins battus, lisant beaucoup et entassant, pêle-mêle, dans sa mémoire, le fruit de ses lectures.

Ses études achevées, il attendit patiemment d'abord que la fortune et la gloire lui fissent des avances; déconcerté bientôt par l'insuccès des espérances dont il s'était imprudemment bercé, il s'abandonna à cette espèce de découragement apathique qui, à notre époque plus que jamais, entrave au début la carrière d'une foule de jeunes gens.

Sur ces entrefaites une position lui fut offerte, position bien modeste au point de vue de son ambition, mais qui eût pu, toutefois, avec de sérieux efforts, le conduire à un avenir honorable et sûr. Il fut attaché au lycée de Lyon en qualité de préparateur du professeur de chimie, avec l'autorisation de donner aux élèves des répétitions de cette branche de la science.

Mais déjà alors Verguin était marié, il était père de famille ; la situation qui eût été suffisante pour un homme seul, ne l'était pas pour un ménage, et malgré la courageuse énergie avec laquelle sa femme travaillait pour apporter son contingent de ressources au foyer domestique, il dut songer à se créer une occupation en dehors de son emploi au lycée.

Il fit ses offres de services à plusieurs maisons de teinture de Lyon et fut chargé par une de ces maisons (1) de quelques travaux de chimie.

Telle était sa situation, lorsque survinrent les circonstances qui devaient lui apporter du même coup la célébrité et la fortune sur lesquelles il ne pouvait, ou du moins il ne devait plus raisonnablement compter.

II

En offrant son concours à l'art de la teinture, Verguin avait eu une heureuse inspiration. Aucun autre genre d'industrie, en effet, n'offrait alors, et peut-être n'offre encore aujourd'hui, un champ plus vaste aux applications des découvertes journalières de la chimie.

Pendant longtemps, ainsi que nous l'avons déjà dit, on s'était borné, dans les procédés de teinture et de coloration des tissus, à appliquer les matières colorantes que les règnes animal et végétal nous offrent toutes formées.

« Les progrès accomplis dans cette voie consistaient à rechercher des méthodes convenables pour rendre les couleurs dérivées plus belles et plus stables, et à augmenter, par des investigations

____

(1) Celle de MM. Piaton et Michel.

poussées dans la flore de tous les pays, les ressources dont on disposait.

« Le climat de l'Europe, continue M. Schutzenberger, dans son savant *Traité des matières colorantes* (1) n'est pas favorable à la culture de la plupart des plantes tinctoriales; aussi avons-nous été,
durant cette longue période, sous la dépendance du
commerce d'outre-mer.

« L'étude des composés organiques, poursuivie
d'année en année par une vaillante armée de chimistes, amenait pendant ce temps la découverte d'une
innombrable quantité de produits artificiels, jouissant
de propriétés tinctoriales colorantes bien définies;
l'industrie sut s'en emparer et élargit ainsi considérablement ses moyens d'action.

« Avouons cependant que, dans la recherche des
couleurs factices, la pratique a souvent devancé les
investigations de la science.

« C'est ainsi que les lichens, parfaitement inco-
lores, fournissaient, sous l'influence de l'air et de
l'urine putréfiée, une belle substance rouge violacée,
bien avant que les chimistes se fussent emparés de
cette question, pour montrer comment les acides
colorables de ces plantes se changent en orcine, et
celle-ci en orcéine colorée, sous l'influence de l'ammoniaque.

« On préparait la cochenille ammoniacale sans
savoir au juste à quel ordre de réaction il convenait
d'attribuer le développement de cette belle nuance
amaranthe. »

(1) 2 vol. in-8°.

Si, abandonnant cette nomenclature des découvertes dues aux hasards de la pratique, on arrive aux matières colorantes que l'industrie doit réellement aux progrès de la chimie pure, on trouve six principaux groupes, ainsi définis et classés par M. Schutzenberger.

« 1° Les couleurs dérivées de l'acide urique ;

« 2° Les couleurs engendrées par l'aniline et les acides huileux analogues de l'aniline ;

« 3° Les couleurs de l'acide phénique ou phénol et de ses analogues ;

« 4° Les couleurs dérivées de la naphtaline ;

« 5° Les couleurs dérivées des alcaloïdes végétaux ;

« 6° Quelques couleurs d'origines diverses. »

Nous ferons remarquer, avec M. Schutzenberger, que le lien commun de tous ces produits organiques est la présence du carbone, élément constituant essentiel de leurs molécules, et, passant de suite au plus important de ces groupes, celui des couleurs fournies par l'aniline, c'est au même savant chimiste que nous demanderons les détails qui vont suivre :

« L'aniline, dit-il, découverte par Unverdorben, en 1826, parmi les produits de distillation sèche de l'indigo, extraite par Runge du goudron de houille et nommée par lui kyanol, était restée, jusqu'en 1856, un produit de laboratoire et n'avait nullement, avant cette époque, fixé l'attention du public industriel.

« Cependant Runge avait fait connaître la remarquable propriété possédée par ce corps d'engendrer des couleurs ; il avait annoncé que le chlorure de chaux donne, avec le kyanol, un violet bleuté magnifique, qui passe au rouge sous l'influence des acides.

« Appréciant même, jusqu'à un certain point, l'importance pratique que pouvait avoir sa découverte, il proposa de traiter industriellement le goudron de houille, en vue d'obtenir en grand les matières qu'il spécifiait.

« En 1853, M. Beissenhortz décrivit la couleur bleue résultant du mélange de l'aniline avec du bichromate de potasse additionné d'acide sulfurique.

« On savait, grâce aux recherches de Stenhouse sur le furfurol, que l'aniline ou l'acétate d'aniline donne immédiatement, avec ce corps, une magnifique couleur rouge cramoisi.

« D'autres observateurs avaient également si gnalé des réactions colorées. Ainsi :

« En 1856, M. Natanson annonçait qu'en chauffant à 200°, dans des tubes fermés, l'aniline et le chlorure d'éthylène, le mélange, d'abord incolore prend une riche couleur rouge de sang.

« ..... Le terrain était ainsi préparé pour les résultats à venir, d'autant plus qu'en faisant con. naître des procédés pour obtenir la benzine et la nitrobenzine et pour transformer cette dernière en aniline, MM. Mansfield, Collas, Génin et Béchamp avaient doté la pratique d'une source d'aniline bien plus riche que celle qu'elle possédait avant eux.

« Les couleurs d'aniline ont ainsi suivi la marche ordinaire des grands progrès de l'humanité. Une invention réellement utile ne se fait jamais en une

— 211 —

fois; elle veut être élaborée et mûrie longtemps
d'avance. »

« Le goudron de houille est actuellement la seule
source industrielle de l'aniline et de ses congénères.

« C'est la partie liquide, insoluble dans l'eau, formée par les distillations sèches, en vase clos, de la
houille.

« Ce goudron, ou coaltar, longtemps rejeté comme
un produit secondaire et gênant de la fabrication
du gaz de l'éclairage, tout au plus employé comme
combustible pour alimenter les foyers des usines à
gaz, renferme un nombre considérable de produits
divers qui ne sont même pas tous déterminés avec
certitude, malgré les importants travaux dirigés en
ce sens (1).

« L'aniline se trouve toute formée dans le goudron brut; elle y est accompagnée d'autres alcalis
organiques volatils dont le plus important est la
quinoléine.

« L'aniline que peut ainsi fournir le goudron ne
serait pas assez abondante pour suffire aux besoins
de l'industrie; mais ce même goudron renferme des
hydrocarbures liquides, benzine, toluène, etc., qui,
par des réactions nettes et régulières, se transforment en alcaloïdes. La benzine donne l'aniline, le

(1) Hofmann a constaté que cinquante et un corps différents
prennent naissance pendant la décomposition sèche de la
houille. Il les a divisés : 1° *en hydrocarbures gazeux, liquides
ou solides à la température ordinaire;* 2° *en composés
oxygénés non azotés, ou sulfurés, et* 3° *en composés azotés
analogues de l'ammoniaque.*

toluène, la toluidine, la xylène, la xylidine, etc.

Il suffit pour cela de les changer en composés nitrés par l'action de l'acide nitrique fumant et de réduire par un agent convenable susceptible de fournir de l'hydrogène naissant le produit nitré résultant.

« C'est à M. Béchamp qu'est dû, entre autres procédés importants, dont il a doté la chimie industrielle, le procédé de réduction de la nitrobenzine qui donne en pratique les meilleurs résultats, et qui sert exclusivement aujourd'hui à préparer les masses considérables d'aniline employées à la fabrication des couleurs. Il est fondé sur l'emploi de l'acide acétique et du fer ou de la fonte en limaille.

« Un mélange en proportions convenables de fer, d'acide acétique et de nitrobenzine s'échauffe graduellement et donne lieu à une réaction assez vive accompagnée d'une ébullition pendant laquelle la nitrobenzine disparaît et se change en aniline.

III

Si, de ces généralités que nous avons cru devoir rappeler, nous rentrons dans le sujet de cet article : la *fuchsine*, ou rouge d'aniline, c'est-à-dire l'heureuse et brillante découverte à laquelle Verguin a attaché son nom, nous nous trouvons en présence de faits et de détails non moins intéressants, et desquels découle une nouvelle et irrécusable démonstration de cette grande vérité : une découverte scientifique ou industrielle en entraîne nécessairement une autre, de telle sorte que, si dans les sociétés primitives on a pu dire : « la nécessité est mère de l'invention », nous devons ajouter : « l'émulation est la mère du progrès ».

Sans parler de Paris, où viennent converger tous les besoins, toutes les applications de la science, et toutes les formes de l'industrie, trois grands centres de fabrication, en France, doivent tout particulièrement s'intéresser aux questions qui touchent aux tissus et à leur coloration : Lyon et Saint-Etienne pour les soieries, l'Alsace pour les toiles de coton, et le bassin de la Basse-Seine pour les draps, les lainages et les étoffes dites de fantaisie.

Lyon, eu égard à la richesse des matières premières qui y sont mises en œuvre, à l'importance de sa fabrication et à la valeur artistique de ses tissus, occupe, nous l'avons déjà suffisamment démontré, le premier rang.

Il est donc facile de comprendre avec quelle attention les teinturiers de cette importante cité ont toujours suivi les travaux et le progrès de la chimie, dans ses applications à leur art.

Dirigées par des hommes éclairés, qui ne marchandent ni les efforts ni les sacrifices quand il s'agit d'améliorer leurs procédés, les principales maisons de teinture de Lyon avaient été vivement émues de l'apparition des nouvelles matières colorantes, et cette apparition leur avait donné le signal d'un redoublement d'essais et de recherches.

Au cours de cette fièvre d'émulation, si l'on peut ainsi parler, MM. Guinon, Marnas et Bonnet obtinrent, au moyen de l'orseille, le beau violet dit *pourpre française,* dont l'éclat, et surtout la solidité relative firent une grande sensation dans l'industrie et dans les arts (1856).

Les maisons similaires ne pouvaient se laisser ainsi dépasser. Chacune, de son côté, chercha donc à se procurer, ou à créer, un violet capable de rivaliser avec la pourpre française.

MM. Renard frères, que l'ancienneté, la renommée, la prospérité de leur établissement et, plus encore, leurs hautes aptitudes professionnelles (1), plaçaient au premier rang dans cette lutte intelligente et loyale, s'empressèrent de réclamer le concours des chimistes qu'ils connaissaient.

Leur exemple fut suivi par d'autres de leurs concurrents, et, dans tous les laboratoires de Lyon, on ne s'occupa plus que de chercher un violet rival de celui de la maison Guinon.

Sur ces entrefaites, MM. Renard frères, que n'avait jamais abandonné la conviction que l'objet de leurs recherches devait se trouver dans l'aniline, apprirent par un de leurs correspondants d'Allemagne, qu'une découverte importante, dans le même ordre d'idées, venait d'être faite en Angleterre : un violet tiré de l'aniline existait; il était dû à un chimiste de Londres, nommé Perkin, ainsi que le

---

(1) Nous avons dit, dans notre article sur les Gobelins, comment un des membres de la famille Renard, élève de l'école des Gobelins, avait importé et établi à Lyon les meilleurs procédés de cet établissement, non moins justement célèbre au point de vue de la théorie scientifique qu'à celui de la pratique industrielle.

constatait un brevet d'invention pris, à Londres, en 1857.

La première pensée de MM. Renard fut de s'entendre avec Perkin pour l'exploitation de son procédé; mais ayant réfléchi que ce procédé pouvait offrir quelque analogie avec celui de M. Guinon et ne voulant à aucun prix compromettre l'honorabilité héréditaire de leur nom, dans une accusation possible de contrefaçon, ils firent loyalement part au Cercle des teinturiers de Lyon de la communication qu'ils avaient reçue, afin que la corporation entière en profitât, s'il y avait lieu.

Le Cercle des teinturiers estima que la question valait la peine d'être étudiée, et, en janvier 1858, M. Francisque Renard et un de ses confrères furent envoyés à Londres pour y prendre connaissance du brevet Perkin.

Ils firent copier le brevet et constatèrent que la découverte du chimiste anglais, fort ingénieuse d'ailleurs, n'avait néanmoins que peu de valeur pratique.

En effet, cette application des couleurs d'aniline était si défectueuse encore, soit comme produit, soit comme teinture, que, malgré les efforts de l'habile chimiste auquel s'adressèrent les teinturiers de Lyon, on ne put rien obtenir par le procédé mentionné dans le brevet.

Ce voyage à Londres eut cependant un résultat décisif, bien qu'entièrement inattendu.

Plus sérieusement convaincu que jamais de la possibilité de trouver un réactif de nature à faire jaillir le violet de l'aniline, M. Francisque Renard avait rapporté de Londres un redoublement d'ardeur qu'il n'eut pas de peine à faire partager à son frère.

Il y avait, d'ailleurs, dans le violet Perkin, malgré ses défectuosités, quelque chose qui ne laissait aucun doute sur l'avenir destiné aux couleurs tirées du goudron de houille.

MM. Renard reprirent leurs expériences et, avec le concours de plusieurs chimistes, notamment de MM. Verguin et Tabourin, ils poursuivirent leurs recherches avec autant d'ardeur que de persévérance.

Cette courageuse persistance et les sacrifices d'argent qu'ils ne marchandèrent point, leur permirent de soutenir la concurrence contre la pourpre française.

Reconnaissant bientôt que pour arriver à la réalisation de leurs désirs, c'est-à-dire à la découverte de nouvelles couleurs d'aniline et à l'amélioration du violet existant, il importait qu'un chimiste capable pût donner tous ses soins et tout son temps aux études et aux expériences exigées par une recherche de cette importance, ils passèrent, le 1er février 1859, un engagement avec Verguin, d'après lequel celui-ci entrait dans leur maison en qualité d'employé chimiste aux appointements de 2,400 francs par an *pour s'occuper des travaux actuels de MM. Renard frères touchant la fabrication et la recherche de l'aniline et de la nitrobenzine* (1).

(1) Il était stipulé dans ce contrat que : « Dans le cas où les travaux de Verguin amèneraient la découverte d'un produit nouveau, pouvant donner lieu à la prise d'un brevet,

Ce contrat, qui assurait une position a Verguin, explique mieux qu'on ne pourrait le faire aujourd'hui, la véritable situation des rapports existant à cette époque entre la maison Renard frères et lui ; il montre également les efforts et les sacrifices des premiers pour atteindre leur but.

La réaction du bichlorure d'étain sur l'aniline exposée à la chaleur de la flamme amena la découverte d'une matière colorante rouge, soluble dans l'eau, et d'une grande richesse de couleur, à laquelle MM. Renard donnèrent le nom de *Fuchsine*, à cause de l'analogie de cette nuance avec celle de la plante fuchsia, et de ce nom avec le leur, en langue allemande.

Ce résultat obtenu, M. Joseph Renard, accompagné de Verguin, vint à Paris prendre un brevet qui lui fut délivré en date du 8 avril 1859 ; ensuite il alla à Londres pour le même objet.

La fortune avait favorisé MM. Verguin et Renard frères, mais le premier n'ayant malheureusement pas la constance nécessaire pour perfectionner cette magnifique découverte, on ne put en tirer tous

elle se fera au nom de MM. Renard frères, Verguin aura droit à un cinquième des bénéfices produits par cette nouvelle invention, à la charge de supporter un cinquième des pertes. Toutefois cette part de bénéfices ne sera acquise qu'à la condition que cette nouvelle découverte soit mise en exploitation, question dont seront seuls juges MM. Renard frères. Les présentes conventions auront une durée de dix années qui commenceront le 1er février 1859, avec une dédite mutuelle au bout de la cinquième année, en se prévenant six mois d'avance et par écrit. »

les avantages dont elle était susceptible, avant que
d'autres procédés de production du rouge d'aniline lui fussent opposés.

MM. Renard s'étaient associés avec M. Franc
sitôt après la prise du brevet de la fuchsine, pour
former une société, sous le nom de Renard frères
et Franc, ayant pour but la fabrication de produits
chimiques, société distincte de celle de Renard
frères pour la teinture. Les inventeurs, après avoir
fait constater la priorité de la fuchsine par les
fabricants de Lyon et de Saint-Étienne, vinrent à
Paris pour revendiquer leur propriété contestée
par les contrefacteurs; une première expertise fut
ordonnée pour étudier la question chimique, elle
se composait de MM. Persoz, de Luynes et Sal-
vetat.

Ils conclurent à l'identité de tous les rouges d'aniline, quelles que fussent les modifications apportées
dans leur fabrication.

Déjà auparavant M. Béchamp avait été chargé
d'analyser la fuchsine et avait reconnu l'unité des
rouges d'aniline.

Cependant, MM. Renard et Franc, occupés de défendre leurs droits, et peu secondés par Verguin,
avaient compris que l'apparent concours de celui-ci
était pour eux une entrave incessante; sur ces
entrefaites, M. Fayolle, droguiste à Lyon, désireux d'obtenir une licence de fabrication, acheta
à Verguin (1) sa part de bénéfices, moyennant
200,000 francs payables en sept annuités; en outre,

____

(1) 22 octobre 1860.

Verguin toucha ce qui lui revenait dans les béné
fices acquis à cette date, soit 100,000 francs.

M. Fayolle, en échange de la part de Verguin,
obtint la cession de l'exploitation de l'Alsace et du
Wurtemberg.

Au commencement de 1861, MM. Renard frères
et Franc traitèrent avec MM. Pelouze, Girard et
Delaire, chimistes, pour la fabrication de la fuchsine,
ainsi que du violet et du bleu obtenus avec elle;
ce qui compléta l'organisation de leur fabrication
des couleurs d'aniline et permit à cette fabrication
de prendre un grand développement.

Au cours des nombreux procès de contrefaçon
soutenus par la maison Renard frères et Franc,
l'éminent chimiste Hofmann ayant donné enfin la
véritable formule chimique de la fuchsine, la
question posée aux tribunaux se trouva simplifiée et
la fabrication des couleurs d'aniline facilitée.

A la fin de l'année 1863, la maison Renard frères et Franc, pour donner plus d'extension à sa
fabrication, traita avec le Crédit Lyonnais pour
la cession de son industrie et de ses brevets, tout
en gardant, dans la nouvelle société, dite de la
fuchsine, une large part.

Le conseil d'administration, où les anciens propriétaires se trouvaient en minorité, étranger à
cette industrie et inexpérimenté dans les questions de fabrication, compromit les intérêts qui
lui étaient confiés, et l'exercice de la première année
donna une perte considérable; la fabrication
étrangère au contraire faisait de tels progrès que

la nouvelle société perdit peu à peu ses avantages et ne put récupérer ses pertes.

Au bout de sept années de gestion, le conseil d'administration traita avec M. Poirier, fabricant de produits chimiques à Paris, pour l'exploitation des brevets non encore expirés.

Ils sont aujourd'hui depuis longtemps dans le domaine public et l'industrie des matières colorantes artificielles a pris et prend chaque jour une importance plus grande ; importance à laquelle la maison Poirier, dont la renommée et la fortune n'ont cessé de grandir, a, par ses intelligents efforts et son habile direction, largement contribué.

V

« Le brevet pris par MM. Renard frères fut, en dehors des nombreux procès en contrefaçons dont nous venons de parler, le point de départ d'un mouvement industriel des plus remarquables et d'une polémique ardente.

« Maintenant que les esprits sont revenus à plus de calme, il est possible de faire à chacun la part exacte de ce qui lui revient dans cette grande et belle révolution.

« On s'accorde généralement aujourd'hui à attribuer à M. A. W. Hofmann (de Londres) un des chimistes les plus éminents de notre époque, la *découverte scientifique* du rouge d'aniline, et c'est sur l'antériorité de ces travaux que s'appuyaient les imitateurs de la fuchsine dans leurs procès de contrefaçon avec la maison Renard frères et Franc.

« Mais, continue M. Schutzenberger, dont l'autorité en cette matière ne saurait être contestée, les recherches d'Hofmann restèrent à l'état d'essai jusqu'en 1862 ; alors l'industrie livrait à la consommation d'énormes quantités de fuchsine préparée par d'autres méthodes que celles consignées par lui en 1858, dans un mémoire présentéà l'Académie des sciences sous ce titre : *Recherches pour servir à l'histoire des bases organiques.*

« Alors seulement il reprit la question à un point de vue théorique, et, avec une rare habileté, il sut jeter le jour sur la constitution et le mode de formation du rouge d'aniline et de ses dérivés, problèmes restés mal résolus malgré de nombreuses recherches.

« La chimie organique lui est donc redevable, ici comme ailleurs, d'une de ses plus belles pages.

« ... Arrivons à la question industrielle. Personne ne conteste plus à Verguin le mérite de la découverte industrielle du rouge d'aniline. C'est sous les auspices de la maison Renard frères que ce produit a fait son apparition dans le monde industriel ; c'est par leurs soins, par leurs efforts, qu'il a été perfectionné et a donné naissance à plusieurs autres couleurs dérivées également du goudron de houille.

« L'intérêt suscité par cette invention et la facilité vraiment remarquable avec laquelle s'opère la synthèse du rouge sous l'influence de réactifs variés amenèrent bientôt la mise au jour de nouveaux procédés ; les uns fondés sur l'emploi du nitrate de mercure (Gerbert-Keller, A. Schlumberger, Perkin) les autres, sur celui de l'acide nitrique (Charles Lauth et Depouilly frères); de l'acide arsénique (Hilmann, Medlock, en Angleterre, Gérard et Delaire en France), etc., etc.

« On put croire pendant quelque temps qu'avec le mode de formation variait aussi la composition du rouge, M. Hofmann démontra que tous ces rouges représentent des sels d'un même alcali organique incolore à l'état de liberté auquel il a donné le nom bien choisi de *rosaniline*. »

DEUXIÈME PARTIE

DE L'IMPRESSION DES TISSUS

INTRODUCTION

« La teinture et l'impression des tissus, dit
M. Wurtz dans son *Dictionnaire de chimie*, se
touchent de trop près pour être séparées : dans l'un et
l'autre cas, il s'agit, en effet, de colorer de diverses
manières les fibres textiles ; les matières premières
mises en œuvre, fibres et matières colorantes, sont
les mêmes, mais tandis que dans la teinture, on
réalise généralement des nuances unies, par l'impression on produit, au contraire, des dessins coloriés.

« La teinture s'applique, ainsi que nous l'avons
vu, aux fibres brutes et aux filés aussi bien qu'aux
tissus. L'impression, qui exige une surface d'une
certaine étendue, ne concerne que les tissus.

« L'impression et la teinture peuvent du reste se
combiner, comme dans les genres garancés et les
nuances de fond, avec enlevages blancs en réserve.

« L'art de colorer les fibres textiles par teinture
ou par impression n'est pas arrivé à une méthode
uniforme et régulière, telle que la peinture à l'huile
ou la décoration des palais ; il est, au contraire, très
multiple, non seulement par le nombre considérable
des matières colorantes employées et empruntées
aux trois règnes de la nature, et surtout, depuis une
quinzaine d'années, aux progrès de la synthèse

10.

chimique, mais encore par les moyens d'action qu'il met en œuvre pour obtenir la fixation des couleurs et leur adhérence intime au tissu. Ces moyens d'action, ainsi qu'on le verra tout à l'heure, sont en même temps et plus compliqués et plus nombreux pour l'impression que pour la teinture.

« Une *indiennerie* réclame une mise en œuvre plus considérable, un personnel plus varié, en un mot, une suite d'opérations et un concours d'art divers dont la teinture peut se passer.

« Enfin, l'impression permet l'emploi de matières colorantes que la teinture repousse : telles sont certaines couleurs minérales, le bleu d'outre-mer, par exemple. La formation de cette couleur exigeant une température élevée, il ne peut être question, en effet, de la former sur fibres ; son emploi dans l'impression des tissus est donc simple : elle ne peut y être fixée que par l'albumine ou ses congénères.

KŒCHLIN (Daniel)

(1785-1871)

———

I

« L'industrie des toiles peintes, qui semble avoir été connue et pratiquée de toute antiquité dans les Indes, ne fut introduite en France que vers le commencement du dernier siècle, et n'y fit d'abord que des progrès très lents. Aussi, les toiles des Indes eurent-elles longtemps une prééminence justement méritée sur les toiles d'Europe, qui ne leur étaient comparables ni par l'exécution, ni par la beauté des couleurs ; et jusque vers la fin du dernier siècle (1780), nous ne fournîmes les marchés que de toiles communes, tandis que celles des Indes se payaient très cher et étaient regardées comme des étoffes de luxe. Cependant, un industriel, dont on ignore le nom et le pays avait, dès l'origine, remplacé le long pinceautage par l'impression rapide des planches roulées, et cette invention, qui a conduit aux planches plates et au rouleau, a donné une face nouvelle à l'art qui nous occupe.

« Les Anglais, les Suisses et les Allemands avaient déjà ajouté plusieurs perfectionnements à la fabrication des toiles peintes, lorsqu'elle fut importée en Alsace.

« Mulhouse, qui a été le berceau de cette industrie dans cette province, tira d'abord de la Suisse ses graveurs, ses imprimeurs, ses pinceauteuses et, en général, tous ses ouvriers; mais bientôt la population locale se familiarisa avec un travail qui lui promettait de nouvelles et abondantes ressources, et depuis elle n'a cessé de remplir, non seulement les ateliers de la ville, mais ceux qui se sont multipliés à l'envi dans ses alentours d'abord, et bientôt sur plusieurs points importants du département.

« Les fabriques de Thann, de Cernay, de Wesserling, de Munster, ne furent que de nombreuses et florissantes succursales dont Mulhouse peut être considéré comme la métropole industrielle.

« A cette époque Mulhouse se trouvait au centre du commerce de l'Europe continentale. Elle avait pour débouchés la France, l'Allemagne, l'Italie et la Hollande; elle exploita même bientôt les marchés de Leipzig, Francfort, Elberfeld, Bruxelles, etc.

« Son commerce était libre; ce n'est qu'à la frontière de France que l'indienne payait le faible droit de 135 francs par quintal (50 kil.). Mulhouse, quoique ville libre alliée à la Suisse, jouissait des mêmes avantages que l'Alsace et la Lorraine, provinces françaises qui n'étaient point encore exercées par la Ferme générale de France. Les lignes de douane se trouvaient à Bar-le-Duc et à Saint-Dizier.

« Et ce n'est pas seulement depuis sa réunion à la France, que Mulhouse a vu s'aggrandir ainsi le rayon de ses ateliers ; déjà avant, l'exiguité de son territoire cessant d'être en rapport avec une population croissante, dont une faible partie se livrait à l'agriculture, les Mulhousins durent s'établir au-delà des limites de leur circonscriptien et y fonder une grande partie des établissements aujourd'hui existants dans le Haut-Rhin.

« Ce département, d'ailleurs, a longtemps présenté toutes les conditions locales nécessaires peur favoriser l'industrie dont nous parlons : un grand nombre de torrents et de moteurs hydrauliques ; la main-d'œuvre à bon marché ; une position topographique et politique qui rendait les communications faciles et l'achat des matières premières peu coûteux ; l'absence de douanes et un faible droit de passe.

« Tout ce qui se rapporte à l'histoire de la fabrication des toiles peintes, dans le Haut-Rhin, peut se diviser en quatre époques bien distinctes :

« La première, de 1746, moment où cette industrie y fut importée, à 1775, où de grands perfectionnements commencèrent à se faire remarquer.

« La deuxième, de 1775 à 1800.

« La troisième, de 1800 à 1815, durant les longues guerres de la République et de l'Empire, le système continental et la paix générale ; au moment où tous les peuples qui étaient nos tributaires furent violemment séparés de nous, et que l'Angleterre, jetant dans la balance des marchés de l'Europe tout le poids de sa richesse et de son génie industriel, devint pour nous une rivale puissante et dangereuse, contre laquelle nos manufactures en général, et celles de l'Alsace en particulier, ne purent plus lutter avec avantage, qu'en perfectionnant sans cesse leurs moyens d'exécution et surtout en les rendant plus économiques.

« La quatrième époque est celle qui, partant de 1815 et se continuant jusqu'au moment actuel, a vu se dérouler la longue et heureuse suite de ces perfectionnements. »

II

Dans l'origine de l'art, ou pour mieux dire, au moment de son importation dans le Haut-Rhin, continue le savant auteur de la Statistique générale de ce département, les moyens d'exécution se réduisaient à un petit nombre d'opérations et à quelques procédés que la teinture seule avait enseignés ; mais, entre les mains de MM. Kœchlin-Schmaltzer, fondateurs de la première manufacture de Mulhouse, on vit ces opérations et ces procédés s'améliorer d'abord, et bientôt se transformer entièrement.

Au début, leurs impressions sont exécutées en couleurs d'application à l'huile siccative et au vernis, en dessins à une ou deux couleurs, sur des toiles très communes qu'on tirait de la Suisse.

Mais, dès la seconde année de leur fabrication, ils apprennent d'un compagnon imprimeur de Ham-

bourg, la manière de préparer le mordant d'alumine, dit mordant rouge, qu'ils obtenaient comme
on le fait encore, par l'alun et l'acétate de plomb.
l'ar la même voie, ils obtiennent le secret du *bain
noir* (acétate de fer) qui, en leur procurant des
mordants noirs et violets, leur permet de fixer les
matières colorantes par la teinture.

Par ces procédés ils avaient déjà trois couleurs
bon teint, dans toutes leurs nuances, le rouge, le
violet et le noir.

Si l'on ajoute à ce perfectionnement le talent et
le goût singuliers qu'un des associés de la maison,
M. Dollfus, peintre estimé, possédait pour le dessin
sur étoffes, on comprendra la renommée rapide
qu'obtint la fabrication de Mulhouse.

Il est vrai que, pendant plusieurs années, le talent de M. Dollfus n'eut à s'exercer que sur deux
ou trois genres : 1° le genre *surate*, petit dessin à
une couleur violet et noir ; 2° le genre *tapis* et *cou-
vertures* de lit à grands dessins, fond rouge et noir ;
3° les mouchoirs *paillacca* à double face ; mais cet
espace limité, au lieu de nuire au succès des dessins de M. Dollfus, contribua, au contraire, à mettre
en relief son génie d'invention. Ne pouvant disposer que d'un très petit nombre de couleurs, il créa
des merveilles de goût et de dessin ; de telle sorte
que la partie importante de la fabrication Kœchlin,
celle qui lui valut une supériorité incontestée sur
toutes les fabrications européennes rivales, fut la
partie artistique.

Il est à peine besoin de dire que tout se faisait à
la main. On ne connaissait, en effet, alors, en fait

de machine, que le cylindre qui servait, soit à préparer les toiles pour l'impression, soit à donner un apprêt à la toile imprimée.

Les procédés se réduisaient à peu près à ceci : Les toiles arrivaient blanchies de la Suisse ou d'Orange (1) ; on leur donnait le *vitriolage*, c'est-à-dire qu'on les faisait macérer pendant quelques heures dans une eau faiblement mêlée d'acide sulfurique ; puis on les *engallait* et on les *cylindrait* pour l'impression du mordant.

Le *dégorgeage* se faisait en soumettant les toiles à l'action de l'eau courante et en leur donnant ensuite un fort battage.

Bientôt on apporta quelque amélioration à ces procédés :

Les toiles ne furent plus engallées avant, mais après l'impression des mordants; on les lavait ensuite à l'eau courante, puis on les trempait pendant quelques heures dans une légère décoction de noix de galle ou de sumac, et on les dégorgeait au battoir avant de les soumettre à la teinture. Après cette dernière opération, on dégorgeait de nouveau les toiles au battoir, après qu'elles avaient été exposées à l'eau courante.

Il ne restait ensuite qu'à donner à l'étoffe un apprêt au cylindre et à les satiner.

Cependant la palette de l'imprimeur sur étoffes s'enrichissait petit à petit; elle s'appropriait l'indigo

(1) C'est de cette ville, une des plus industrieuses du midi de la France, qu'on tirait les toiles dites *cotonnes*, tissus en coton et lin.

et ajoutait ainsi le bleu au rouge et au violet (1) ;
un jaune-rouille obtenu avec de l'acétate de fer et
appliqué avec le pinceau sur le bleu, donna ensuite
une espèce de vert. Tout imparfaites qu'elles étaient,
ces nouvelles couleurs amenèrent une sorte de
révolution heureuse dans l'art qui nous occupe :
elles permirent aux dessinateurs de varier leurs
effets, d'obtenir plus d'harmonie dans l'ensemble,
plus d'éclat dans l'aspect.

III

De la deuxième époque date la réputation des indiennes d'Alsace.

La fabrication des toiles peintes embrassant alors
un plus grand nombre d'objets, se divisa en deux
branches bien distinctes : d'une part, les indiennes
de luxe, les châles, les meubles riches ; d'autre part,
les anciennes indiennes communes, mais singulièrement améliorées.

Plus encore que précédemment le talent du dessinateur devint l'âme du succès. C'est en effet à
l'aide du dessin qu'une fabrique dût le plus souvent
sa prépondérance sur les maisons rivales : les genres les plus recherchés étaient ceux qui avaient pour
sujet des fleurs naturelles, ce qui nécessitait la
coopération d'artistes distingués, que l'on payait fort
cher.

Portalier, Linguet, Gergonne, Prévôt, Saint-

(1) Ce bleu s'appelait *bleu de pinceau* parce que c'était au
moyen du pinceau qu'il s'appliquait.

Quentin et Malaine père furent les artistes les plus distingués de cette époque, dont les toiles sont très remarquable sous le double rapport du dessin et du coloris. On y remarque des bouquets et des guirlandes qui imitent aussi bien la nature que les meilleurs tableaux.

Le perfectionnement apporté, vers ce même temps, à la gravure sur bois, ne fut pas étranger à ce succès. D'autre part, la nécessité de n'employer que des couleurs solides et celle de multiplier les nuances, amena un progrès non moins sensible dans la fabrication des matières colorantes, progrès aidé par le développement que prenait à cette époque la chimie.

Tout concourait ainsi à assurer la supériorité aux toiles peintes de l'Alsace, non seulement sur les produits similaires des autres pays européens, mais sur ceux même de l'Asie.

Nous devons faire observer toutefois que, dans une certaine mesure, nous demeurions encore tributaires de l'Inde. L'art de filer et de tisser le coton, n'avait pas progressé comme celui de l'impression et nos indiennes fines ne pouvaient être imprimées que sur des tissus indiens.

Vers 1782, l'application d'un ingénieux procédé mécanique vint marquer encore un nouveau progrès : nous voulons parler de la machine à planches plates, si avantageuse pour les grands dessins, et en particulier pour un genre alors fort en vogue, une sorte de ramage d'une seule couleur appelé camayeux et dont le nom fut donné à la machine elle-même.

Ces perfectionnements méritent d'autant plus d'être mentionnés, que les procédés de l'ancienne fabrication étaient encore à peu près seuls en usage; on ne possédait guère d'autres nuances que celles que peuvent fournir la garance, la gaude, le quercitron, le bleu de pinceau et le bleu fayencé, ce qui permettait de produire seulement du noir, plusieurs rouges, du violet, du ponceau, du jaune, du vert, du bleu, de l'olive et quelques nuances mixtes.

Si l'on songe que ce petit nombre de couleurs fut longtemps tout ce que le fabricant put mettre à la disposition des dessinateurs pour produire les divers genres de toiles peintes, on ne peut s'empêcher d'admirer tout le parti que ceux-ci surent tirer de moyens si restreints.

IV

La troisième époque se distingue des deux précédentes par le grand nombre de découvertes et de procédés nouveaux dont la mécanique et la chimie ont enrichi l'art des toiles peintes et les diverses industries qui l'alimentent, comme la filature, le tissage, la préparation des produits chimiques, etc.

Cette époque n'est pas moins remarquable par les cataclysmes politiques qui, plusieurs fois, ont changé la face de l'Europe, déchiré le territoire des nations, facilité ou circonscrit les relations des peuples du continent entre eux et avec l'Angleterre, modifié les traités, changé la domination des colonies, porté tantôt en avant, tantôt en arrière les

barrières si mobiles des douanes ; en un mot, ont
fait varier ou au moins ont profondément altéré,
presque à chaque instant, le système du commerce
du monde.

L'industrie cotonnière dut plus que tout autre
subir l'influence de ces bouleversements.

La proportion toujours croissante du coton, parmi
les matières textiles servant à l'habillement des
peuples civilisés, avait nécessairement donné une
importance non moins marquée à tous les arts qui
se rapportent à sa mise en œuvre ; les ateliers de
filature, de tissage, de teinture, s'étaient multipliés
de façon à exiger d'immenses débouchés.

Ces débouchés venant à manquer, même mo-
mentanément, de nombreux désastres commerciaux
se produisaient, des populations entières se trouvaient sans travail.

On conçoit donc aisément que la République, le
Consulat, avec leurs guerres continuelles et tour à
tour funestes ou heureuses ; l'Empire, avec ses immenses conquêtes, son système continental et sa
chute si prompte, aient, à chacune de leurs phases,
décidé de la prospérité ou de la décadence de l'industrie française des toiles peintes.

L'époque la plus prospère de cette période fut
celle pendant laquelle le système continental fut en
vigueur.

Le prix des indiennes était alors si élevé qu'il
suffisait de faire une nouvelle application de couleurs pour vendre un genre avec cent pour cent de
bénéfices. Aussi les efforts se concentrèrent-ils sur
un même point : créer des genres nouveaux, tant

pour les couleurs que pour les dessins. Mais si à cette époque, où certains genres se vendaient de huit à dix francs le mètre, le fabricant n'avait qu'à perfectionner ses produits sous le rapport du luxe, d'autres circonstances devaient plus tard l'obliger à se préoccuper surtout de la question, aujourd'hui si importante, de la production à bon marché.

Nous croyons, avec M. Penot, que c'est ici le lieu d'établir un parallèle entre la situation de la France et de l'Angleterre, et le rôle joué par ces deux nations dans la marche et les progrès de l'industrie qui nous occupe, de 1800 à 1815 d'abord, et ensuite pendant ce que nous avons appelé l'époque contemporaine.

C'est encore la statistique du Haut-Rhin qui va nous fournir cet intéressant rapprochement.

Le système continental, ouvrant pour débouché à la France l'Europe presque entière, dont l'Angleterre était exclue, ces deux grandes rivales durent prendre chacune un essor de nature bien différente.

La France, devenant la nation prépondérante du continent, tandis que, par ses flottes puissantes, l'Angleterre s'arrogeait l'empire des mers, perdit toute sa marine marchande, et son commerce maritime devint nul. Alors nos manufactures n'eurent à satisfaire que les besoins du continent, et nos richesses, notre gloire militaire et nos conquêtes ayant considérablement augmenté les marchés sur lesquels on admettait nos produits, ce fut surtout, ainsi que nous venons de le dire, par les étoffes de luxe que notre industrie des tissus accrut sa prospérité.

L'Angleterre, au contraire, ne pouvant plus exploiter que les parties les moins civilisées du monde, dut porter son attention à produire des masses et à bon marché ; de là, la nécessité pour elle de diminuer considérablement la main d'œuvre ; aussi voyons-nous que c'est dans la mécanique surtout que se manifeste son esprit inventif.

Qui pourrait, en effet, contester que ce ne soit à la nécessité de produire vite et à bas prix, que sont dues ces merveilleuses machines qui, des grands centres manufacturiers de l'Angleterre, ont passé, pour s'y populariser et quelquefois s'y perfectionner, sur tous les points du monde civilisé.

Les principales découvertes faites, en ce genre, de l'autre côté de la Manche, de 1800 à 1815, sont la filature et le tissage mécaniques, l'impression au moyen de la planche plate et du rapport, l'impression à la machine à rouleaux de cuivre gravés (vers 1801), au moyen de molettes en acier et du tour à graver.

V

C'est vers la fin de la troisième époque qu'apparaît avec éclat le grand industriel dont nous avons cru devoir rattacher le nom, non seulement aux progrès accomplis par lui dans l'industrie de l'impression des tissus, mais à cette industrie elle-même dont il a été, — s'il nous est permis de parler ainsi, — la personnification la plus brillante et la plus heureuse.

Né à Mulhouse, le 6 novembre 1785, Daniel Kœchlin était fils de Jean Kœchlin, qui avait épousé Mlle Climène Dollfus, et petit-fils de Samuel Kœchlin, un des trois fondateurs de l'industrie cotonnière en Alsace.

Mulhouse n'offrait alors aucune ressource, en dehors de l'enseignement primaire, pour l'instruction des jeunes gens, qui devaient aller achever leurs études en Suisse ou à Paris.

C'est à Paris que fut envoyé, à quinze ans, Daniel Kœchlin; il y suivit pendant quelques années les cours de chimie de Fourcroy. En même temps il travaillait comme apprenti dans une maroquinerie du faubourg Saint-Marceau, menant ainsi de front la pratique, qui fait connaître tant de faits, et la science qui les prévoit, les éclaire et les explique.

Son frère aîné, qui avait fondé, en 1802, la maison Nicolas Kœchlin et frères, le rappela aussitôt que possible à Mulhouse et se l'associa en qualité de chimiste.

Les débuts du jeune homme se firent sous les plus heureux auspices : à peine avait-il eu le temps de se familiariser avec les fonctions délicates et difficiles qui lui étaient confiées, qu'un genre nouveau, d'une admirable richesse, et qui devait singulièrement contribuer à augmenter la renommée des indiennes d'Alsace, était créé par lui.

Nous voulons parler des dessins enluminés sur fond rouge d'Andrinople (1).

(1) Ce rouge, qui nous vient des Indes, ne s'obtenait d'abord que sur fil.

Cependant les événements politiques avaient apporté une modification complète, aussi bien dans les affaires industrielles que dans la carte de l'Europe.

A ce moment, où commence la quatrième époque de l'industrie des toiles peintes en Alsace, nos produits industriels se trouvent, sur tous les marchés européens, en présence des bas prix des produits anglais.

La lutte, pour nous, change de théâtre : il ne s'agit plus de faire mieux; il importe de rivaliser de bon marché, et c'est vers ce dernier objet que tous les fabricants intelligents tournent leurs efforts.

Cette transformation était à la fois délicate et périlleuse. Lorsque, en effet, de grands établissements sont réduits à ne livrer que des marchandises à bas prix, ils ne peuvent se promettre un bénéfice suffisamment rémunérateur qu'en livrant à la consommation des masses de produits, ce qui les expose plus particulièrement aux chances, aux variations continuelles du commerce et à ce fléau redoutable de la grande fabrication : le trop plein !

Telle fut, jusqu'à ce que les chances s'égalissassent par le temps et par les débouchés que nous fournirent nos nouvelles relations commerciales d'outre-mer, la situation de notre industrie nationale et, en particulier, celle des tissus, ce qui implique nécessairement l'art de la teinture et de l'impression.

Cependant, et en résumé, si l'Angleterre s'est distinguée tant par le tissage et l'impression sur étoffes et la teinture proprement dite, que par le grand nombre et les merveilles de ses inventions mécaniques, la France l'emporte sur elle par les procédés chimiques qui ont été portés chez nous à un point de perfection remarquable.

Pour limiter notre sujet à l'Alsace, le premier fabricant de ce pays, qui ait possédé des connaissances chimiques et à qui l'on doit d'avoir fait sentir à nos industriels le besoin d'étudier cette science est Jean-Michel Haussmann, qui eut un avantage immense sur tous ses concurrents que dirigeaient seuls encore la routine et le tâtonnement (1).

Cependant l'art de l'impression sur étoffes s'identifiait chaque jour davantage avec celui de la teinture proprement dite, en ce sens du moins que certaines des matières colorantes jusqu'alors uniquement employées par cette dernière, sous forme d'immersion, étaient devenus, au moyen de procédés scientifiques nouveaux, susceptibles d'être appliquées au rouleau, tels furent la cochenille, le bois de fustel, le quercitron, le solanum, l'écorce de chêne, le safranum, la noix de galle, le sumac, le rocou, l'orcanette. On produisait toutes les brunitures ou nuances mixtes par le mélange de matières colorantes telles que la gaude et le bois de

(1) Les principales découvertes sorties des ateliers de M. Haussmann, furent : 1° l'enlevage blanc sur mordant d'alumine et de fer par les acides oxalique et tartrique ; 2° les belles couleurs d'application préparées au moyen de sels d'étain ; 3° les enlevages cuivrés ; 4° l'application du beau bleu de Prusse attribué plus tard à Raymond ; 5° l'usage de l'acétate et du sulfate d'indigo pour les verts pistache et de Saxe ; 6° l'emploi du nitrate de fer pour le noir d'application.

Campêche, la garance et le quercitron, pour produire du jaune myrthe; le jaune clair de gaude et le solanum, pour le vert-pomme ou le vert-d'eau; le jaune de gaude et l'acétate ou sulfate d'indigo pour le vert-pistache ou le vert-pie, etc.

On eut aussi les couleurs métalliques qui vinrent s'ajouter à celles du fer et qui dérivaient de l'antimoine, du mercure, de l'étain, du manganèse.

C'est à cette série qu'appartient la plus belle découverte de Daniel Kœchlin, l'emploi du chrome qui donna le jaune, l'orange, le vert, et cet acide qui, avec l'indigo, créa les genres les plus ingénieux et, avec plus d'une matière colorante, lès oxydations les plus commodes.

Le professeur Lassaigne avait obtenu un beau jaune en mordançant des écheveaux de soie, de laine et de coton, avec un sel de plomb soluble et en les passant ensuite dans une dissolution de bichromate de potasse.

C'est ce procédé, plus compliqué en fabrique que dans une simple expérience de laboratoire, que Daniel Kœchlin sut le premier appliquer en grand.

Cette découverte et la promptitude avec laquelle elle fut saisie et exécutée dans tous les ateliers de teinture et d'impression en couleur, est une preuve frappante des services que les sciences rendent, de notre temps, à l'industrie.

Qui aurait pu prévoir que le minerai de chrome qui, lorsque Vauquelin découvrit ce métal, paraissait si peu abondant, deviendrait, par la suite, une branche importante de commerce. Le chromate de potasse, à l'époque de sa découverte, se payait

jusqu'à 24 francs les 8 grammes, tandis que, dès
1830, les beaux cristaux de bichromate de potasse
ne valaient plus, chez nous, que 4 fr. 50 c., les
500 grammes, et en Angleterre où le salpêtre est
bien meilleur marché qu'en France, 1 fr. 25 c. seulement (1).

C'est ainsi que les arts industriels réagissent réciproquement les uns sur les autres, faisant naître
la richesse de la richesse elle-même ; le besoin
d'une matière se fait-il sentir, on en recherche les
sources jusque-là négligées, et si elles n'existent
pas dans la nature en masses assez considérables, on
crée artificiellement ces sources et on parvient à
jeter dans le commerce la quantité suffisante d'un
produit que l'industrie réclame.

Le chrome était destiné à remplacer bientôt toutes les matières tinctoriales jaunes employées jusque-là à la teinture du coton et des toiles. Avec
500 grammes de chromate de potasse, on peut teindre six à douze pièces de 36 mètres d'une étoffe de
90 centimètres de largeur, suivant l'intensité du
jaune qu'on veut obtenir.

Un des grands avantages du chrome, c'est qu'on
peut en tirer facilement toutes les nuances du jaune,
depuis l'orangé jusqu'au citrin le plus tendre ; et
lorsque la teinture est bien exécutée les jaunes
et les verts, fournis par cette matière, ont un éclat
et une solidité bien supérieurs à ceux que peuvent
donner aucune des couleurs empruntées au règne
végétal.

(1) Prix actuel du kilogramme.

On comprend par l'importance de ces découvertes combien étaient justes et mérités les encouragements et les récompenses qu'elles valurent à Daniel Kœchlin.

Il reçut une médaille d'or à l'exposition de 1819 pour avoir obtenu le rouge d'Andrinople sur toile et avoir donné les ingénieuses méthodes d'enlevage blancs ou enluminés qui ont été employées depuis.

La même année il fut décoré de la Légion d'honneur, sur la demande unanime du conseil municipal de Mulhouse pour ses belles applications du jaune de chrome.

Ses collègues, fabricants de rouge turc dans le département, joignirent à ces brillants témoignages une attestation qui devait le garantir contre toute attaque si on essayait jamais de mettre en doute ses droits de propriété.

Cette précaution, qui était en même temps un hommage, avait d'autant plus sa raison d'être que, aussi généreux de caractère que passionné pour son industrie, Daniel Kœchlin ne pouvait dès lors et n'a jamais pu depuis, se décider à se réserver, au moyen d'un brevet, le droit exclusif d'exploiter ses découvertes.

En ces temps où la science venant très peu en aide au fabricant, les procédés industriels étaient si difficiles à imiter et pouvaient demeurer longtemps secrets entre les mains des inventeurs, bien loin de profiter de ce privilège naturel, il était heureux au contraire de montrer à ses collègues tous les détails de ses inventions.

Il avait pour principe que le progrès est plus

assuré, plus prompt si on y fait concourir plusieurs mains que si on concentre le travail dans une seule ; et il disait que pour que les arts puissent avancer indéfiniment il importe de répandre au plutôt les méthodes les plus récentes, afin de les substituer aux anciennes et d'en provoquer de nouvelles.

Il n'en fut pas de même en Angleterre où l'importation du rouge turc fut brevetée en 1825, au nom de MM. Thomson et Chipperdall, avec l'autorisation toute désintéressée de la maison Nicolas Kœchlin et frères.

Le genre d'indienne qui, après le rouge turc et les applications des composés du chrome intéressa le plus Daniel Kœchlin fut celui qu'on désigna sous le nom de lapis, genre dont l'idée première était due aux Anglais, mais que M. Kœchlin porta à un degré de perfection qui permit d'imiter le cachemire et qui eut un immense succès de vogue.

VI

Que de faits ayant chacun leur importance on pourrait relater si on voulait rappeler les nombreuses et intéressantes observations de laboratoire de Daniel Kœchlin, tant sur les matières colorantes que sur certains composés chimiques.

Les conditions d'arrosage des mordants jusquelà laissés aux caprices d'une atmosphère plus ou moins sèche ou humide ; la composition et l'emploi des mordants à double base ; la solubilité des sels ; celle de leurs mélanges ; les dissolutions métalliques alcalines au moyen des citrates ou des tartrates et tant d'autres réactions alors nouvelles dont la publication eût suffît à fonder la réputation d'un chimiste (1).

L'industrie des toiles peintes, on le voit, doit à Daniel Kœchlin un grand nombre de travaux utiles ; nous venons d'en esquisser l'ensemble, sans tenir compte toutefois de son merveilleux talent à assortir les divers genres aux caprices de la mode ; de la sûreté de son coup d'œil dans la fabrication ; de son habileté dans certains coups de main qui assurent le succès d'une opération ; d'une foule d'observations précieuses dues à sa longue et habile expérience et qu'il se plaisait à communiquer à ses amis et à ses collègues.

Aussi son nom est-il connu et vénéré partout où a pénétré l'industrie qui lui est si redevable et dont il a été un des maîtres incontestés.

C'est un juste hommage que chacun se plaisait à lui rendre et dont on a eu une preuve touchante dans la proposition qui a été faite à la Société industrielle de Mulhouse, par les Français indienneurs qui habitent la Russie, d'élever un monument à la gloire de ce grand industriel.

Cet ensemble d'importants travaux ne suffisait pas cependant à absorber tout le temps et tout le besoin d'activité de cet infatigable travailleur, dont

____

(1) Daniel Kœchlin eut pendant quelques temps un élève distingué, dont le nom mérite d'être associé ici au sien, M. Henri Schlumberger, travailleur intelligent et infatigable dans lequel il trouva un collaborateur utile et dévoué,

le nom se trouve heureusement mêlé aux essais, aux progrès de tous genres accomplis à Mulhouse pendant sa longue carrière.

Ainsi et avant la création des comices agricoles, la Société industrielle de Mulhouse avait formé dans son sein et sous la présidence de Daniel Kœchlin une section d'agriculture qui exerça la plus heureuse influence sur le progrès agricole en Alsace.

Des essais, dans bien des genres, furent tentés sur des terrains mis libéralement à la disposition de ses collègues par Daniel Kœchlin.

L'industrie séricicole en particulier fixa son attention ; il fit planter un grand nombre de mûriers dans sa propriété de la Vanne et pendant plusieurs années il y fit élever des vers à soie, dans une magnanerie modèle , dont Mme Daniel Kœchlin se plaisait à prendre soin.

Sous cette habile direction, les produits obtenus furent remarquablement beaux et justement estimés dans nos marchés du midi ; mais l'inclémence du climat exigeait de telles précautions et, par suite, de telles dépenses pour réussir dans une éducation si délicate, qu'il n'y eut pas lieu de pousser les petits propriétaires dans cette voie trop hasardeuse.

Chez Daniel Kœchlin, l'homme n'est pas resté au-dessous de l'industriel. Quelque éminent que celui-ci se soit montré, nous pouvons dire que chez lui le cœur fut à la hauteur de l'intelligence.

Sans cesse préoccupé des devoirs moraux des patrons envers les ouvriers qu'ils emploient, et dans lesquels il ne voyait que des collaborateurs, il méditait sans cesse sur les moyens d'améliorer leur sort, en restant dans les limites du possible, et sans se laisser bercer par de chimériques illusions, que son esprit juste et pratique devait repousser.

Cette préoccupation, qui fut celle de toute sa vie, se résume d'une manière frappante dans cette phrase, d'une touchante simplicité, recueillie dans ses papiers après sa mort.

— « Je n'ai jamais pu trouver le bonheur complet, parce que je n'ai jamais pu me consoler des misère irrémédiables que je voyais autour de moi. »

Cependant les constants efforts qu'il a faits pour soulager ces misères, avec la ferme espérance qu'elles auraient leur terme, montrent qu'il ne les croyait pas aussi irrémédiables qu'il a pu l'écrire dans un moment de découragement. Dans des questions de cette nature, où on voit en jeu tant d'intérêts, et aussi malheureusement tant de passions, il faut tout attendre du temps et de la bonne volonté réciproque des parties qu'on voudrait rapprocher. Daniel Kœchlin était pénétré de cette haute vérité, et sa vie entière a été un modèle de cette bienveillance que le patron doit aux travailleurs qu'il reçoit dans ses ateliers. Dans les nombreuses questions touchant à l'instruction, à la santé, au bien-être de l'ouvrier, on le vit toujours émettre les opinions les plus sages et, par là même les plus largement libérales ; aussi sa parole, forte de l'éloquence persuasive du cœur, a-t-elle bien souvent fait pénétrer la conviction dans plus d'un esprit hésitant, mais droit.

M. Daniel Kœchlin est mort le 18 avril 1871, à

l'âge de près de quatre-vingt-six ans. Membre de plusieurs sociétés savantes de France et de l'étranger, qui avaient tenu à honneur de s'adjoindre un homme d'un si parfait mérite, il était officier de la Légion d'honneur depuis 1855.

Sa vie entière peut être proposée comme un remarquable exemple de toutes les vertus ; patriotisme, simplicité de mœurs, travail et bonté se traduisant par la plus parfaite pratique des sublimes préceptes de la charité. Sa mémoire restera toujours vénérée en France aussi bien qu'en Alsace, et l'hommage le plus digne de ce grand et beau caractère que nous croyons pouvoir lui rendre est d'émettre le vœu que le souvenir de tant de qualités précieuses inspire à nos jeunes travailleurs la louable ambition d'approcher un jour d'un tel modèle.

PERSOZ (Jean-François)

(1805-1868)

I

Parmi les hommes éminents qui, depuis le commencement de notre siècle se sont occupés, avec
le plus de persévérance et de fruit, à appliquer les
principes et les découvertes de la science aux arts
et à l'industrie, Jean-François Persoz a droit à une
place d'honneur; peut-être même, en la matière que
nous traitons, doit-on dire qu'il occupe, en compagnie de M. Chevreul, la première place.

Fils de ses œuvres, Persoz dut conquérir péniblement, et une à une, les connaissances élémentaires qui devaient lui permettre d'aborder, très
jeune encore, la glorieuse mais difficile carrière
dans laquelle il lui était réservé de rendre de si
importants services.

Disons cependant que si, dans son enfance, il ne
dut, en fait d'instruction, rien qu'à lui-même, l'éducation morale qui est le fondement, la base essen-

tielle de toute vie honorable et utile, ne lui manqua pas.

Né, en 1805, à Cortaillod, village situé sur les bords du lac de Neuchâtel et à proximité, alors, de plusieurs fabriques importantes d'indiennes, Jean Persoz trouva, dans le modeste intérieur de ses parents, l'exemple salutaire de l'amour, de l'union de famille, du dévouement à la patrie et de la fidélité au devoir; son père, originaire de Vaud (Jura), avait été élevé, et maintenait ses enfants dans les principes d'autorité et d'obéissance qui tendaient déjà à s'effacer au foyer domestique.

Sévère pour lui-même jusqu'au scrupule, il avait les défauts de ses qualités et poussait trop souvent la sévérité jusqu'à la rudesse, et même jusqu'à la violence. Les punitions que, à la moindre faute, il infligeait à ses enfants, semblaient parfois excessives à leur mère, dont les soins incessants avaient pour objet d'adoucir les aspérités de ce caractère de fer.

Cette rude éducation, ce mélange de sentiments opposés sans cesse en contact, non pour se heurter, mais pour atténuer, d'une part l'excès de fermeté d'un père juste et bon, mais exigeant, et, d'autre part l'indulgence naturelle à une mère aimante et dévouée, fut salutaire à Jean Persoz. Une âme moins bien douée se fût peut-être froissée, aigrie; lui, au contraire, y puisa le goût du travail, l'esprit de désintéressement, les habitudes de sobriété et le dédain de ce qu'on appelle les aises de la vie, qui devaient le mettre à même de vaincre des difficultés, de renverser des obstacles en apparence insurmontables, et, par suite, de se proposer et d'atteindre un but qu'un caractère moins énergique, une âme moins vaillante n'eût pas même osé entrevoir.

Doué d'une constitution robuste et d'une santé de fer, le jeune Persoz put apporter très jeune son contingent d'aide et de labeur à l'œuvre collective de la famille.

Pendant que ses deux sœurs assistaient leur mère dans les menus travaux d'un modeste ménage rural, il avait la garde du petit troupeau.

Ce fut donc dans la saine contemplation de la nature, dans cette vie en plein air, où tout se réunit pour favoriser le développement d'un esprit observateur, que se produisirent les premières aspirations de l'enfant vers l'étude des sciences, étude dont il ne connaissait pas même le nom, mais dont une secrète intuition lui révélait l'utilité et l'attrait.

Mais avant tout, il fallait apprendre à lire, à écrire, et le temps, l'occasion manquaient pour l'envoyer à l'école.

Comment suppléa-t-il à toutes ressources ordinaires ; comment se passa-t-il de maître et de leçons pour apprendre ce que la plupart des enfants des campagnes ont tant de peine à faire entrer dans leur intelligence, alors même qu'ils fréquentent à peu près assidûment l'école ? Lui-même ne s'en est jamais bien rendu compte. Toujours est-il qu'il parvint à pénétrer les mystères de l'alphabet, et qu'une fois ce pas décisif franchi, il fit, grâce à ses seuls efforts, des progrès tellement rapides que ses parents, émerveillés d'une si remarquable facilité, crurent devoir se priver d'un concours qui leur était cependant des plus utiles.

Ils déchargèrent le jeune pâtre de la garde de son troupeau et l'envoyèrent à l'école.

Cette école se trouvait dans un village éloigné, et l'enfant avait à faire, soir et matin, une très longue course ; la fatigue qui en résultait, non plus que les intempéries des saisons, ne le découragèrent jamais ; mais appréciateur déjà de la valeur du temps, il s'arrangeait de façon à ne pas perdre celui qu'il passait en chemin. Tout en marchant, il repassait ses leçons, il classait dans sa mémoire les connaissances acquises, il faisait des observations et préparait les « *pourquoi* » dont il cherchait la solution dans ses livres, lorsque son maître ne pouvait la lui donner, ce qui, nous devons l'avouer, arrivait le plus souvent.

Ce qui, en effet, constituait, à cette époque, ce que nous appelons le programme de l'enseignement primaire, se bornait à fort peu de choses, et les maîtres, ayant peu à enseigner à leurs élèves, réduisaient d'ordinaire leur propre instruction aux plus simples notions élémentaires de la langue et du calcul ; s'ils ajoutaient à cela un peu d'histoire, un peu de géographie, leur bagage littéraire et scientifique était complet.

Jean Persoz eut bientôt, on le comprend, épuisé tout ce qu'avait à lui apprendre son maître, lequel, à défaut de savoir, possédait heureusement assez d'expérience du cœur et de l'intelligence des enfants, pour apprécier les rares qualités et les singulières aptitudes de son jeune élève.

Il l'encouragea dans sa voie, il lui procura des livres, il intéressa quelques personnes influentes à son avenir, et, ce qui était plus important, il sut faire partager à la famille Persoz la confiance que lui inspiraient le caractère et les dispositions de l'enfant qui, dès lors, put se livrer entièrement à ses goûts studieux.

Jean-François lut beaucoup ; il se forma, sur certains sujets de l'histoire naturelle, des théories que des expériences ingénieuses lui permirent d'appuyer bientôt sur des faits ; toutefois, il ne se dissimulait pas que ces études étaient et devaient rester incomplètes tant qu'elles ne s'appuieraient pas sur un enseignement sérieux.

Le sentiment de ce qui lui manquait tournait naturellement sa pensée vers ce foyer de science et de lumière qui fait de Paris, non seulement la capitale de la France, mais celle du monde civilisé.

Toute son ambition, toutes ses espérances, étaient concentrées sur ce point, et, lorsque la générosité d'un parent vint mettre à sa disposition la somme de onze cents francs, il quitta le foyer paternel, emportant avec lui les bénédictions de sa famille et l'indomptable volonté de se créer, en dépit de tous les obstacles, une place dans ce monde savant dont il avait appris à admirer les travaux et à apprécier le rôle utile au point de vue du progrès de la civilisation.

Apporter sa part de labeur, de découvertes, d'influence morale à cette œuvre glorieuse, tel était le ferme espoir qui l'animait déjà et qui devait le diriger, le soutenir jusqu'au jour du succès.

Un autre sentiment, non moins généreux et fécond, remplissait son cœur et élevait son esprit : il allait retrouver, pour ne plus la quitter, cette patrie d'autant plus aimée et vénérée qu'on a longtemps vécu loin d'elle.

Celui qui n'a jamais quitté son pays ne peut comprendre combien l'exil, qu'il soit volontaire ou forcé, c'est-à-dire commandé par des circonstances, par des nécessités inhérentes à la vie privée et à ses besoins, ou imposé par les événements publics ; combien, disons-nous, l'exil développe, on pourrait même dire surexcite ce sentiment inné, profond, désintéressé et généreux qui attache l'homme au sol natal, et auquel tous les peuples ont donné le nom de patriotisme : un beau mot pour exprimer une grande chose !

Ce sentiment, le père de Jean-François, l'avait conservé avec un soin jaloux, et dans son propre cœur, et dans celui de ses enfants, et notre jeune apprenti savant, qui le cultivait précieusement, à côté de son culte pour la science, en avait donné, tout enfant, une preuve naïve et touchante.

Nos pères nous ont raconté avec quelle ardeur d'enthousiasme étaient accueillis, aussi bien sous les plus modestes toits de nos campagnes que dans les plus opulentes demeures de nos villes, les bulletins annonçant les victoires de nos armées, alors que, d'un bout de l'Europe à l'autre, elles tenaient glorieusement tête à la vaste coalition organisée contre nous.

Nulle part, cet enthousiasme ne fut plus sincère, mieux senti que dans l'humble demeure où grandissait Persoz et, quand sonna l'heure des désastres, la tristesse, le deuil, la colère y remplirent tous les cœurs.

Jean-François ayant été sur ces entrefaites conduit à Pontarlier, y apporta tous ces sentiments divers. Plus près du théâtre de la lutte et bientôt au centre même d'un corps d'armée ennemi, il vit l'étranger établir ses quartiers dans la ville et dans les environs où il ne restait plus guère que des femmes, des enfants, des vieillards, tous les hommes valides ayant été appelés à la défense suprême du territoire envahi.

Son cœur d'enfant tressaillit douloureusement à la vue de ces uniformes qui étaient ceux des adversaires victorieux de la France; il éprouva le besoin de faire *quelque chose* contre « ces envahisseurs de son pays », et voici ce qu'il imagina : après s'être assuré que les quarante-cinq hommes logés chez la pauvre veuve à qui il était lui-même confié dormaient profondément, il se glissa dans un parc d'artillerie voisin et, aidé par quelques petits camarades dont il avait enflammé le courage, il enleva et alla jeter à la rivière le plus de munitions qu'ils purent emporter, non seulement lors de cette première expédition, mais à plusieurs reprises pendant les nuits suivantes.

De cette façon, disait-il ensuite à son hôtesse terrifiée à la pensée de ce qui fût arrivé, s'il avait été surpris par les Prussiens — de cette façon, ils auront moins de boulets pour tuer nos soldats !

Cet acte de patriotisme enfantin dénotait un mélange de calcul, de résolution, de sang-froid, qui évidemment bien au-dessus de l'âge de celui qui l'accomplissait, pouvait, dès lors, faire préjuger ce que serait son âge mûr.

La vie de Jean-François Persoz ne devait faire mentir aucune de ces promesses.

II

Lorsqu'il quitta sa famille pour venir à Paris, Persoz, en possession d'un millier de francs, se garda bien de l'illusion trop commune parmi les jeunes gens ; il ne s'imagina pas que son trésor serait inépuisable.

Tout au contraire il comprit qu'il ne pouvait trop ménager ses ressources et c'est à pied et en s'imposant les plus grandes privations qu'il parcourut la longue route qui le séparait du but si ardemment désiré.

Sa bourse était à peu près intacte quand il arriva au terme du voyage, et il ménagea si bien son contenu, il s'ingénia si habilement à remplacer au fur et à mesure ce qu'il était obligé d'y prendre, par un gain journalier, tantôt comme employé dans une pharmacie ou dans un laboratoire, tantôt comme répétiteur de quelques-uns de ses condisciples, qu'il put éviter d'avoir jamais recours à sa famille, dont il connaissait le dévouement, mais aussi les charges nombreuses et la gêne.

Les modèles, d'ailleurs, ne lui manquaient pas dans cette voie de travail, d'ordre, d'économie, de sobriété. Parmi ses devanciers, parmi les maîtres les plus illustres dont il recevait les leçons et admirait le génie et le beau caractère, combien avaient passé par les mêmes épreuves et avaient dû, déclaraient-ils, à cette sévère école les nobles qualités qui les distinguaient.

Il se plaisait plus tard à raconter dans l'intimité comment pendant cette période de la vie que tant de jeunes gens n'ont d'autre souci que de passer le plus joyeusement possible, il consacrait, dans sa petite mansarde de la rue Saint-Jacques, toutes ses soirées au travail. Sans feu en hiver, non seulement il ne se plaignait pas de cette dure privation, mais il lui arrivait encore quelquefois de retirer ses chaussures et ses bas, afin que la souffrance causée par le froid, ne lui permît pas de céder au sommeil.

Ce qu'il prisa le plus lorsque sa nomination à l'emploi de préparateur de Thenard vint modifier sa position, ce fut d'être logé au Collège de France, ce qui lui permettait de descendre le soir au laboratoire pour y poursuivre ses travaux de la journée.

Pendant toute son existence d'étudiant, il ne fit par jour qu'un seul repas qui, invariablement composé de bœuf au chou, lui coûtait cinq sous. Quant au vin, il n'en était pas question. Son restaurateur était le célèbre Flicoteau dont le nom a passé, dans le quartier latin, à l'état de légende.

Cette austérité de vie, cette régularité d'habitudes et de mœurs sauvegardèrent la jeunesse de Persoz. Malgré la vivacité de ses impressions et l'ardeur enthousiaste de ses sentiments, il ne se laissa prendre à aucune des séductions de la grande capitale et acquit ainsi dès ses débuts dans la vie, cette force,

de volonté, ce sérieux de caractère, cette gravité
d'allures qu'il devait conserver toujours.

Cette sévérité, toutefois, n'existait que dans la
forme ; toute à la surface, elle dissimulait mal, pour
peu qu'on pénétrât dans l'intimité de Persoz, la bienveillance et la bonté d'une âme affectueuse.

Marié jeune à une épouse de son choix qu'une
intelligence hors ligne et un dévouement sans bornes
rendaient digne d'être la compagne de sa vie,
l'inspiratrice de ses travaux, il avait reporté sur
elle la tendresse et le culte que, dans sa jeunesse,
il avait voués à sa mère et qu'il lui avait conservés
jusqu'à sa mort. C'est dans la paix fortifiante d'un
foyer domestique où régnaient l'union, l'intimité et
la confiance qu'il cherchait et trouvait ses seuls délassements (1).

III

Cependant ces débuts difficiles, cette lutte éner-
giquement engagée et patiemment soutenue et,
surtout peut-être, certains traits de caractère qui
étaient communs au maître et au disciple, portèrent
Thenard à distinguer entre tous, cet auditeur assidu
de ses cours, qui ne laissait rien échapper, qui n'oubliait aucune de ses paroles, et dont l'intelligence

(1) Mme Persoz, née Verdan, était la fille d'un des principaux indienneurs des environs de Cortaillod, ce qui explique
la part active qu'elle prit aux travaux de son mari, surtout
à ceux qui ont eu pour objet l'indiennerie; c'est ainsi, par
exemple, qu'elle fut son collaborateur pour le *Traité de l'impression des tissus.*

semblait même aller souvent au-devant de ses démonstrations.

Il lui tendit une main amie, lui ménagea à différentes reprises l'occasion de mettre en lumière ses aptitudes scientifiques et, en 1826, l'attacha en qualité de préparateur à son cours du Collège de France.

Enfin, en 1833, la chaire de chimie à la Faculté des sciences de Strasbourg étant devenue vacante, il la demanda et l'obtint pour lui.

D'après le principe qu'il tenait de Fourcroy, Thenard, ainsi que nous avons eu l'occasion de le dire ailleurs, n'avait pas coutume d'éparger à ses préparateurs ces boutades qui, disait-il, devaient *leur former le caractère*. Persoz, son privilégié, par cela même et en vertu de l'antique maxime « *qui aime bien châtie bien* », avait pu en faire plus d'une fois l'expérience.

Un jour qu'à la suite d'une de ces boutades, le jeune préparateur avait quitté l'amphithéâtre pour aller chercher un produit nécessaire à une expérience, l'illustre professeur, qui n'entendait pas qu'on s'autorisât de son exemple pour traiter à la légère un homme de la valeur de Persoz, s'adressa à son auditoire :

« Vous trouvez peut-être, dit-il, que je tance bien vertement mon préparateur ; mais je ne l'en aime pas moins pour cela, et je tiens à ce qu'on le respecte : *c'est un diamant.*

Thenard ne devait pas tarder à donner une marque presque officielle de l'estime en laquelle il tenait Persoz, et de la confiance qu'il avait en lui.

Durant l'été de 1832, alors que le choléra décimait la population de Paris, il annonça à la fin d'une de ses leçons qu'arrivé à la partie du programme de son cours relative aux matières colorantes et à leurs applications, il allait laisser à Persoz le soin de faire à sa place cette partie de l'enseignement dans laquelle il était très compétent.

Qui, dans l'auditoire, fut le plus étonné, ce fut le préparateur devenu, sans avoir été prévenu, et sans s'y attendre, le suppléant de son maître.

Persoz reçut une dernière preuve de la rude, mais amicale brusquerie de Thenard dans la manière dont lui fut annoncée sa nomination.

Thenard venait de commencer son cours ; Persoz debout près de la table était absorbé par les prépatifs d'une démonstration :

— Vous voyez cette tête, messieurs, s'écria tout à coup Thenard en écartant les cheveux qui couvraient le front penché en avant de Persoz, et en lui secouant les épaules ; vous croyez que c'est celle d'un certain préparateur de votre connaissance. Eh bien ! vous vous trompez : cette tête appartient au nouveau professeur de chimie de la Faculté des sciences de Strasbourg.

Un grand silence accueille ces paroles : l'auditoire est stupéfait ; bien plus stupéfait encore est Persoz. Est-ce une plaisanterie que veut faire Thenard ?... dit-il vrai ?...

L'éclair de radieuse satisfaction qui brille dans l'œil expressif de l'illustre et excellent professeur dissipe comme par enchantement tous les doutes.

Des bravos, des félicitations sont adressées de

tous les points de la salle à Persoz qui, pâle, trem-
blant, semble accablé par la soudaineté de son
bonheur.

Des travaux remarquables, une sûreté de jugement et une solidité de principes que Thenard avait
pris plaisir à faire ressortir, avaient valu ce brillant
début dans la carrière universitaire au jeune chimiste sur lequel avait déjà attiré l'attention du monde
savant la découverte d'un moyen de préparation du
gaz des marais, des travaux avec Payen sur la dias-
tase, avec Biot sur le pouvoir rotatoire des sucres,
avec Gaultier de Claubry sur la purpurine.

IV

Successeur du professeur Branthome à la Faculté
des sciences de Strasbourg, Persoz y releva bientôt
l'enseignement de la chimie.

Ses cours y étaient très suivis, et un grand nombre
d'élèves dont il s'occupait avec la plus paternelle
sollicitude, purent entreprendre dans son laboratoire
des recherches scientifiques ou industrielles, qui
leur ouvrirent une carrière avantageuse.

C'est à son école que se sont formés des chimistes
tels que Wurtz, Schutzenberger, Bechamp, Émile
Kopp, Nicklèss.

Ses successeurs, Émile Kopp, Pasteur et Gerhardt,
étaient appelés à occuper cette même chaire avec
non moins d'éclat.

L'estime, l'amitié, tous les bons sentiments qui
entouraient Persoz à Paris, n'avaient pas tardé à lui

être acquis dans sa nouvelle résidence, et lorsque deux ans après son arrivée à Strasbourg, il fut appelé à diriger l'École supérieure de pharmacie de cette ville, tout le monde applaudit à sa nomination.

Nulle part et dans aucune autre circonstance, Persoz ne devait trouver l'occasion de mettre plus pleinement en lumière ses connaissances scientifiques et son rare talent d'administration.

L'école de pharmacie de Strasbourg que régissaient les vieilles coutumes et l'antique routine lui dut les plus heureuses transformations : enseignement, matériel, usages, tout y fut remanié avec un tact et une entente des intérêts de la jeunesse qui suivait les cours et des véritables besoins de l'art et et de la dignité pharmaceutiques qui désarmèrent toute critique. Les plus ardents partisans de l'ancien état de choses furent forcés eux-mêmes de rendre hommage au caractère de justice et de désintéressement qui se montrait dans chacun des actes, dans chacune des réformes de la nouvelle direction.

Obligé par sa situation d'inspecter chaque année avec deux de ses collègues les pharmacies du département, il apporta à ces fonctions une sévérité des plus salutaires. Ayant étudié lui-même, à Paris, la pharmacie, il était initié aux moindres détails de la profession, et pouvait exercer son contrôle avec une compétence parfaite.

Il visitait les coins et les recoins du magasin, du laboratoire, de l'arrière-boutique, examinait les médicaments et les drogues et faisait jeter devant lui les préparations qui lui semblaient altérées ou mal faites.

On comprend qu'avec un semblable système, Persoz fut bientôt redouté de tous ceux qu'il avait à inspecter ; mais bientôt aussi, toutes les pharmacies du Bas-Rhin se trouvèrent tenues d'une façon exceptionnellement satisfaisante.

L'estime et les sympathies qui grandissaient autour de lui ne pouvaient laisser indifférent un cœur aussi chaud que celui de Persoz ; les populations intelligentes et industrieuses de l'Alsace ne pouvaient d'ailleurs que lui être particulièrement sympathiques.

Il aimait donc Strasbourg, il s'y plaisait, il y trouvait un continuel aliment à l'activité de son esprit.

Cette ville, en effet, étant, par sa situation géographique, le lieu de passage ordinaire des voyageurs allant de Paris soit en Allemagne, soit en Autriche, soit en Suisse, il recevait la visite d'un grand nombre de savants français et étrangers, et nouait ainsi avec eux des relations personnelles qu'il continuait ensuite par correspondance, et qui le maintenaient dans un centre d'action scientifique qu'il lui eût été difficile de rencontrer ailleurs.

Cependant, l'ancien attrait qui avait attiré sa jeunesse à Paris ne s'était que faiblement modifié ; il aspirait à y revenir et vers la fin de 1848, après avoir vendu son mobilier et la partie la plus encombrante de sa bibliothèque, il quitta Strasbourg avec sa famille.

C'était un coup de tête que blâmèrent la plupart de ses amis, car il n'avait alors aucune position assurée à Paris, et comme professeur en congé, il ne recevait plus que la moitié de ses appointements.

12

Persoz semblait avoir agi d'autant plus imprudemment que, s'il était capable de s'élever au niveau de n'importe quelles fonctions qu'on voudrait lui confier, il était tout à fait incapable d'en solliciter aucune.

Ses amis heureusement agirent pour lui, et, en 1850, il fut appelé à la Sorbonne en qualité de suppléant de M. Dumas. La même année, il était nommé maître de conférence à l'École normale.

Le cours de *Chimie appliquée à la Teinture et à l'Impression* fût créé pour Persoz, en 1851, au Conservatoire des arts et métiers, en même temps que le cours de Filature et de Tissage était créé pour Alcan dans le même établissement.

V

Un esprit de la trempe de celui de Persoz n'avait pu se trouver, pendant seize ans, en présence de l'industrie alsacienne sans se sentir pressé de concourir au progrès de cette industrie et en particulier de celles de ses branches qui repose le plus directement sur la chimie.

Les manufactures de toiles peintes et, par suite, les matières colorantes, dans leur composition et dans leur emploi, soit comme teinture, soit comme impression qui déjà à Cortaillod avaient fixé sa jeune attention, et que son mariage avait encore plus particulièrement recommandées à son intérêt, devinrent pour lui l'objet d'une étude assidue.

Des recherches savantes, des expériences ingénieuses lui donnèrent une autorité incontestée dans cette intéressante partie de la science appliquée aux arts.

Il est à douter cependant que ces études eussent pris une tendance aussi marquée si une circonstance particulière n'était venue tourner de ce côté son attention.

Nous voulons parler de la mise au concours par la Société d'encouragement à l'industrie nationale, d'un travail sur la théorie et la pratique de l'impression des tissus.

Qu'il nous soit permis d'insister sur ce que nous avons eu occasion de dire ailleurs touchant l'influence heureuse exercée par cette Société depuis sa fondation, en 1802, par les soins et sous les auspices de l'illustre Chaptal, jusqu'à nos jours. Cette influence prouve à quel point l'initiative de quelques hommes éclairés et dévoués peut contribuer au bien public.

On peut, en effet, affirmer sans crainte qu'il est peu de découvertes importantes, peu d'applications utiles de la science aux arts industriels, qui n'aient été entrevues et indiquées, par la Société d'encouragement, à l'attention de nos savants et à celle de nos manufacturiers.

Cette Société a donc rendu et elle rend chaque jour des services signalés qui lui méritent la reconnaissance publique et, en particulier, celle des classes laborieuses.

En la matière qui nous occupe, c'est à elle assurément que les imprimeurs sur étoffes, patrons et ouvriers, doivent l'excellent *formulaire* dont Persoz a doté leur industrie.

Laissons parler M. Dumas, dans son rapport sur l'ouvrage qui nous occupe.

« Le prix proposé par la Société n'ayant provoqué, dit-il, aucun travail qui lui parut digne d'être couronné, le sujet fut retiré du concours.

« Cependant un de nos plus habiles chimistes, que des circonstances heureuses avaient prédestiné à entreprendre et à accomplir ce difficile travail, s'y était dévoué, dès l'ouverture du concours et, quoiqu'il fût loin d'être satisfait de son œuvre, quand celui-ci fut fermé et le sujet du prix retiré, il regarda comme un devoir envers la Société de persévérer dans une voie qu'elle lui avait ouverte.

« La fortune ayant placé M. Persoz en Alsace, au centre même de nos fabriques de tissus peints, pour y enseigner la chimie, aucun secours ne lui a manqué et il a pu réunir en quatre beaux volumes, accompagnés d'un atlas de la plus parfaite exécution, le fruit de longues et consciencieuses recherches.

« Son ouvrage embrasse toutes les branches de cette industrie variée, partout, comme c'est le droit d'un écrivain qui a tout pratiqué par lui-même, et qui s'appuie de sa propre expérience en toutes choses, son opinion personnelle se fait jour au milieu de renseignements exactement recueillis et d'opinions sagement discutées.

« Deux volumes sont consacrés à faire connaître les matières colorantes, la théorie de la teinture et des divers procédés d'impression en couleur, la nature et l'effet des diverses machines que cette industrie met en usage.

« Deux autres volumes renferment l'exposition

méthodique de tous les procédés d'impression qui sont mis en pratique sur le coton et sur les étoffes diverses qui en imitent les produits.

« A chaque recette se trouve joint un échantillon d'étoffe qui donne au lecteur la fidèle représentation de l'effet que la recette fournit.

. « Ces échantillons, au nombre de plusieurs centaines, reproduisent les procédés de tous les pays ; car l'Alsace, la Suisse, la Normandie, les environs de Paris, l'Angleterre et l'Écosse ont rivalisé de libéralité envers l'auteur ; les principales fabriques ont mis à sa disposition des pièces de leurs étoffes qui, découpées en échantillons, donnent au lecteur des types inappréciables.

« Enfin, par des procédés simples, nouveaux et rapides, l'auteur met chaque fabricant en état de définir par lui-même et sans erreur, la nature exacte des procédés qui ont servi à produire une couleur sur une étoffe donnée.

« Ce système d'essai, par son exactitude, sa précision et son importance, fait le plus grand honneur à la sagacité de M. Persoz et rendra les plus grands services à l'industrie.

« La Société d'encouragement a donc pensé qu'il y avait lieu de décerner à l'auteur de ce remarquable ouvrage une récompense, en rapport avec les services qu'il est appelé à rendre, et elle lui a voté une médaille de la valeur de 3,000 francs.

« Voulant d'ailleurs témoigner à l'auteur une nouvelle preuve de sa haute satisfaction, la Société a décidé qu'elle adoptait ce traité comme point de départ de la collection dont elle se propose de favoriser la publication.

« En conséquence, l'éditeur est autorisé à mettre, en tête de son ouvrage, un faux titre portant les mots suivants : *Bibliothèque des arts industriels publiée sous les auspices de la Société d'encouragement pour l'industrie nationale. — Arts chimiques.*

« Enfin la Société décide qu'elle donnera cet ouvrage en prix aux divers contre-maîtres des manufactures de toiles peintes ou de tissus peints qui auront mérité par leurs travaux cette distinction de sa part (1). »

Le temps qui s'est écoulé depuis la publication de cet important travail ne l'a pas vieilli, si profondément et si consciencieusement étudiées étaient les questions qu'il traite ; mais il est loin aujourd'hui d'être complet. Les découvertes qui se sont succédé ; les nouvelles forces mécaniques mises à la disposition des arts industriels, ont amené un perfectionnement, des modifications que l'auteur entrevoyait déjà, mais sans en pouvoir préciser le caractère et le développement.

Le *Traité de l'impression des tissus* est d'ailleurs si complètement épuisé qu'il faut recourir aux grandes bibliothèques publiques pour pouvoir le consulter.

L'industrie des toiles peintes aspire à en posséder une nouvelle édition, complétée et mise au ni-

____

(1) Rapport au nom du Comité des arts chimiques, par **M. Dumas**, président de la Société. — Séance du 13 mars 1846.

veau de l'état et des moyens actuels de la fabrication.

M. Persoz fils (1), à qui bien des demandes dans ce sens ont été adressées, recule devant l'énorme difficulté de remanier un travail aussi considérable, de faire exécuter les nombreux échantillons qui entrent pour une si grande part dans la valeur et l'utilité de l'ouvrage. Il recule surtout en présence des avis contradictoires qui lui ont été donnés par des gens du métier sur la façon dont il y aurait lieu de remanier ce travail. Il se souvient d'ailleurs du temps, des soins, de la masse de savoir et de recherches que la première édition a coûtés à son père, et il assure qu'il ne faut rien moins que la promptitude d'investigation, la facilité de travail et l'infatigable assiduité qui distinguaient Jean-François Persoz, pour entreprendre et mener à bonne fin, au milieu des occupations et des préoccupations de la vie journalière, une œuvre aussi considérable.

VI

Une grande expérience acquise et le goût passionné que tout homme prend pour un sujet qui a occupé ses veilles et fondé sa renommée, devaient

(1) M. Persoz, fils, longtemps préparateur de son père au Conservatoire des arts et métiers, lui a succédé à la direction du conditionnement des soies de Paris.

C'est à lui qu'est due la découverte des matières colorantes dérivées de l'acide phénique, connues dans l'industrie sous le nom de coraline jaune et rouge et d'azuline.

L'azuline est le premier bleu qu'on ait obtenu avec le goudron de houille.

nécessairement porter Persoz à continuer de tourner plus particulièrement ses recherches sur les matières colorantes que sur tout autre sujet.

Cette compétence spéciale ne pouvait être mieux utilisée que par le cours de teinture et d'impression des tissus et par celui de chimie appliqué à l'industrie qu'il faisait au Conservatoire des arts et métiers.

Tous les hommes du métier s'accordent à reconnaître l'intérêt très grand que ces cours ont offert, aussi bien aux coloristes qu'aux fabricants de produits chimiques applicables à la teinture; et il n'est pas un praticien habile, pas un directeur d'usine ou un chef d'atelier qui ne tienne à honneur d'avoir suivi les leçons du savant et justement populaire Persoz.

Membre du jury international aux expositions universelles de Londres et de Paris, collaborateur de nos publications scientifiques les plus importantes, Persoz avait été chargé en 1853, d'organiser la condition des soies et laines de Paris, établissement dont il resta directeur.

Il fut dans les dernières années de sa vie membre du Conseil de salubrité.

Un tempérament robuste et une vie sobre et régulière avaient mis Persoz à l'abri de toute espèce de maladie. Il fut atteint, vers 1866, de souffrances internes qu'il surmonta d'abord par l'énergie de volonté qui lui était naturelle, mais qui prirent bientôt des caractères trop alarmants pour qu'il pût les dissimuler plus longtemps à sa famille.

Ni les secours de l'art, ni les soins et le dévouement

de sa femme et de ses enfants ne purent enrayer le mal. Les organes de la digestion étaient attaqués ; pendant deux longues années, la maladie fit son œuvre, emportant chaque jour, et peu à peu, les forces et la vie de ce rude travailleur, encore dans toute la vigueur de l'âge, dans toute la puissance de l'intelligence.

Il mourut en 1868, laissant un vide immense et profondément senti dans sa famille, dans les sciences et dans le cœur de ses nombreux obligés.

Nous aurions bien mal dépeint le beau caractère de ce savant qui était en même temps un *homme de bien*, dans toute la large acception de ce titre si nous avions besoin d'expliquer les derniers mots échappés à notre plume.

Il est un détail cependant que nous ne devons pas passer sous silence : ce n'était pas seulement son savoir, ses conseils, ses encouragements, son amicale bienveillance que Persoz prodiguait autour de lui avec une infatigable générosité ; quand l'occasion s'en présentait, il payait de sa personne sans hésiter, sans calculer le péril.

Rompu dès l'enfance à toutes les fatigues du corps, il ne marchandait pas plus un coup de main à un étranger dans l'embarras qu'un service à un ami dans la peine.

Ces occasions ne lui manquèrent pas et, soit en Suisse, soit à Paris, il eut le bonheur de sauver plusieurs personnes qui se seraient certainement noyées sans le prompt secours qu'il leur porta.

Nous avons parlé des justes regrets qu'éprouvèrent à sa mort ses amis et sa famille, et cependant, lorsque deux ans plus tard, la guerre amena l'invasion étrangère et détacha l'Alsace — sa chère Alsace — de la France, les meilleurs amis de Persoz, ses filles, son fils, sa triste veuve elle-même, bénirent le ciel de lui avoir épargné ce cruel déchirement du cœur.

Que n'aurait pas éprouvé, en 1871, celui qui, un demi-siècle auparavant, avait été impressionné si profondément par des désastres similaires !

Et d'un autre côté, quelle part n'aurait pas prise à la défense nationale celui qui, enfant en 1813, imaginait de noyer les boulets des Prussiens pour rendre leurs canons inutiles.

GUIMET (Jean-Baptiste)

(1795-1871)

———

I

A peu près au moment où naissait, en Suisse, l'éminent chimiste dont nous venons d'esquisser la vie et les travaux, une honorable famille de l'Isère saluait, de son côté, la venue au monde d'un enfant, dont le nom doit être glorieusement associé à celui de M. Persoz, dans l'histoire de l'impression des tissus.

Jean-Baptiste Guimet n'eût ni à soutenir les luttes, ni à vaincre les difficultés avec lesquelles nous avons vu François Persoz aux prises. Les traditions et les relations de sa famille le portaient en quelque sorte naturellement vers la carrière qu'il devait parcourir avec tant de succès.

Ce fut dans le cabinet de son père, ingénieur du plus haut mérite (1) ; ce fut sur les genoux de sa

———

(1) On doit à Jean Guimet, père de Jean-Baptiste, un des premiers plans de la Joliette à Marseille et un projet ingénieux pour amener dans la même ville les eaux de la Du-

mère, jeune femme intelligente, instruite et tendrement dévouée, que l'enfant recueillit, en jouant, les premières notions des sciences.

Les fruits de cette éducation par l'exemple, ou plutôt par la puissance d'assimilation qui se dégage, dans les familles unies et éclairées, du contact continuel des enfants avec leurs parents, ne se firent pas attendre.

A l'âge où d'ordinaire les enfants savent à peine parler et n'ont d'autres soucis que leurs jeux et la satisfaction de leurs caprices, le petit Jean-Baptiste semblait avoir déjà le sentiment et le goût du savoir. Il cherchait à se rendre compte de tout ce qu'il voyait, de tout ce qu'il entendait.

Les « pourquoi » se pressaient sur ses petites lèvres et, à la manière dont ces questions étaient posées, aux réflexions que provoquaient les réponses qui leur étaient faites avec ce tact, cette bonne foi, cette patience, dont les mères intelligentes ont seules le secret, il était facile de trouver les prémisses de l'esprit d'observation, de la promptitude et de la rectitude de jugement qui devaient distinguer plus tard l'homme fait.

La mort prématurée de Mme Guimet faillit compromettre l'œuvre si heureusement commencée. Il n'en fut rien cependant ; grâce au dévouement et à la tendresse des sœurs de M. Guimet, l'enfant pût à peine s'apercevoir qu'il était orphelin.

rance. Il avait épousé d'abord Mlle Le Brun, fille de l'ingénieur en chef du Comtat d'Avignon et, en secondes noces Mlle Anne Malet de Voiron. De ce second mariage naquit le 20 juillet 1795, Jean-Baptiste Guimet,

Grand et fort pour son âge, il devait à l'air salubre et fortifiant des montagnes un tempérament robuste et une santé excellente ; aussi lorsqu'il fut, à l'âge de dix ans, envoyé à Paris, pour son éducation, était-il supérieur aux enfants de son âge, aussi bien sous le rapport physique que sous le rapport intellectuel.

Après une année de préparation dans une des institutions en vogue à cette époque, il entra au lycée Napoléon, où il devait faire toutes ses études.

Les tendances de son esprit se manifestèrent dès l'abord ; élève assez médiocre pour le latin et le grec, il rivalisait pour tout ce qui touchait aux sciences, avec les plus forts de sa classe.

A dix-sept ans, dit celui de ses biographes qui va nous servir de guide (1) il se présenta au concours de l'École polytechnique et, à son grand étonnement, car en passant cet examen il n'avait eu en vue que de faire l'essai de ses forces, il fut déclaré admissible.

Toutefois, défiant de lui-même et d'ailleurs désireux de débuter dans les meilleures conditions possibles, il voulut se préparer pendant une année de plus.

Il se récusa, et se présenta au concours suivant. Admis de nouveau, il eut l'avantage de faire partie d'une des promotions qui, dans cette célèbre École, ont fourni à la France le plus d'hommes remarquables.

Nous citerons parmi les savants dont nous avons

(1) E. Mulsant, bibliothécaire de la ville de Lyon.

eu, ou dont nous aurons à nous occuper dans cette série d'études sur les arts industriels, MM. Babinet, Cauchy, Chasle et Duhamel.

II

Absorbé par ses études, Jean-Baptiste Guimet avait prêté peu d'attention aux événements qui menaçaient, en même temps, la France et son gouvernement.

L'invasion du territoire par l'armée des alliés fut pour lui comme un coup de foudre, et lorsque les ennemis, malgré la glorieuse résistance qu'ils avaient rencontrée dans les plaines de la Champagne, arrivèrent devant Paris (29 mars 1814), il fut un des premiers à organiser le bataillon d'élite que l'École polytechnique fournit à la défense de la capitale.

On sait comment ces braves jeune gens, revendiquant un des postes les plus avancés et les plus périlleux, se chargèrent, de concert avec quelques vétérans, de la défense d'une batterie placée en avant de la barrière du Trône.

Abandonnés à leurs propres forces par le maréchal Marmont, non seulement ils ne se laissèrent pas décourager, mais, emportés par leur ardeur, ils crurent pouvoir profiter d'un mouvement rétrograde des assaillants pour se porter sur un point de l'avenue de Vincennes, d'où ils pouvaient tirer sur les cavaliers de Pahlen. Quelques escadrons de hulans, arrivant par Saint-Mandé, prirent la batterie à revers. La lutte fut aussi héroïque que disproportionnée quant au nombre et à la position. Plusieurs de ces vaillants jeunes gens furent tués, et tous auraient eu le même sort, si un parti de garde nationale et un détachement de dragons, commandés par le brave général Sokolnicki n'étaient accourus les secourir.

La batterie fut dégagée et amenée sur les hauteurs de Charonne d'où les jeunes défenseurs de la patrie, dirigeant leurs feu dans le sens de la longueur de la route, firent des trouées énormes dans les rangs ennemis.

« Paris avait capitulé qu'ils se battaient encore ; on les avait oubliés! Ils reçurent l'ordre de se retirer sur Fontainebleau. Arrivés dans cette ville harassés de fatigue, ils se présentèrent à l'intendance. Comme ils n'étaient pas inscrits sur les cadres de l'armée, on ne leur accorda ni vivres, ni logement. Ils furent réduits à solliciter du pain de la charité des boulangers et à se refugier dans des hangars ou sous des charettes pour y passer la nuit, à l'abri de la pluie qui tombait à torrents.

« Les jours suivants ils errèrent de village en village, cherchant à rejoindre l'armée de la Loire. Ils arrivèrent à Blois où ils furent faits prisonniers. Guimet qui connaissait la ville se jeta dans les rues étroites des anciens quartiers et parvint à s'échapper (1). »

Sur la rive opposée de la Loire bivouaquait l'armée française ; il trouva, vers le soir, moyen

(1) Les camarades de Guimet qui furent ainsi faits prisonniers à Blois durent à la bienveillante intervention d'Alexandre de Humbold d'être relachés.

de traverser le fleuve ; toutefois se souvenant de l'accueil que ses camarades et lui avaient reçu à Fontainebleau, il crut devoir rester un peu à l'écart jusqu'à ce que, le jour étant venu, il aurait fait régulariser sa position. Il se retira pour la nuit sur une petite meule de foin.

Cependant le temps avait fraîchi, l'air était humide, et le feu clair des bivouacs était si engageant que le jeune homme ne résista pas au désir d'aller y réchauffer ses membres engourdis. Quelques instants plus tard, quand il regagna son gîte, il n'y trouva plus le modeste bagage qu'il y avait laissé.

Dans la petite sacoche, prise par ces maraudeurs infâmes qui, semblables à des vautours insatiables de proie, suivent pas à pas les armées en retraite, se trouvait, avec un peu de linge de rechange, le plus précieux trésor qu'eût jamais possédé le studieux jeune homme : ses cahiers de l'école.

La perte de ces cahiers fut pour lui un chagrin sensible qui, en se joignant à toutes les angoisses du moment, l'impressionna assez vivement pour que, bien des années plus tard, il ne pût en rappeler le souvenir sans éprouver une pénible émotion.

Après avoir subi des vicissitudes diverses, Guimet et ses camarades se retrouvèrent enfin réunis de nouveau dans la paisible enceinte de l'École polytechnique. Ils avaient repris avec ardeur leurs études, lorsque le licenciement de l'École (13 avril 1816), vint encore une fois déranger leurs plans d'avenir.

Plusieurs d'entre eux rentrèrent dans leurs familles et tournèrent leurs vues d'un autre côté.

Guimet, plus persévérant, résolut d'attendre le moment, qu'il jugeait avec raison ne pouvoir être très éloigné, de la réorganisation de l'École et de la reprise des concours.

Abandonné à lui-même, durant cette période, dans ce Paris qui offre à la jeunesse tant d'occasions de plaisir, tant de genres de séductions, Guimet fit deux parts de son temps, l'une consacrée à se fortifier dans ses études ; l'autre — et c'est ici que se montre dans tout son jour le sérieux et la délicatesse exquise de sa nature, — l'autre à donner des leçons de mathématique, afin de n'être point à charge à sa famille.

Autorisé, l'année suivante, à se présenter au concours d'admission dans les emplois réservés aux élèves de l'École polytechnique, il sortit sixième sur soixante-douze concurrents. Il opta pour l'administration des poudres et salpêtres.

Ce service offrait alors l'une des carrières les plus avantageuses et les plus recherchées, et y il fut admis à titre d'élève, le 10 décembre 1817.

Attaché d'abord à l'Arsenal de Paris, et bientôt après, envoyé à la poudrière du Bouchet, près d'Arpajon (Seine-et-Oise), il se fit, dans ces deux postes, rapidement apprécier par ses chefs et aimer par ses camarades.

Le commissaire du Bouchet, M. Grand-Besançon, le prit en estime particulière et lui confia le soin d'organiser, sous sa direction, le service. Cette occasion de se distinguer ne fut pas perdue pour le jeune ingénieur, qui, après un assez court séjour à la poudrière de Ripault, près Tours, fut envoyé, en 1821, en qualité de commissaire-adjoint surnuméraire, à Esquerdes, près de Saint-Omer.

Le commissaire et l'inspecteur de cet établissement venaient d'être envoyés par l'État, en Angleterre, pour tâcher d'y découvrir le secret de la fabrication de la poudre rousse, secret que les Anglais, qui l'avaient découvert, gardaient soigneusement.

Pendant que ses chefs se livraient à des investigations qui devaient être infructueuses, le jeune sous-commissaire imagina de demander aux recherches de laboratoire le secret cherché. Il ne mit personne dans sa confidence, travailla seul et eut ainsi tout l'honneur d'un succès qui, en même temps qu'il dotait la France d'un produit vivement désiré, révélait dans celui qui avait su l'obtenir un chimiste habile.

M. Ruty, alors directeur général de l'administration des poudres et salpêtres, combla d'éloges le jeune ingénieur et l'appela à l'administration centrale à Paris. Avec les illusions de son âge, Guimet crut qu'allait s'ouvrir pour lui une ère brillante d'études, de travaux, de services à rendre à la science et à l'État. Il ne tarda pas à s'apercevoir que cette apparente faveur, qui ne faisait de lui qu'un simple expéditionnaire, entraverait sa carrière au lieu de la faciliter. Aussitôt, et quelque attrait qu'eût pour lui Paris, avec ses conservatoires, ses bibliothèques, ses savants professeurs, il n'hésita pas à demander à rentrer dans le service actif.

Le sacrifice, qu'il avait crû devoir faire, ne lui fut pas imposé tout d'abord : c'est au service de Paris qu'il fut, le 9 août 1823, attaché comme commissaire surnuméraire.

Les vingt et un mois, pendant lesquels il exerça ces fonctions, constituèrent une période particulièrement avantageuse pour Guimet. Très désireux de se distinguer dans la carrière qu'il avait choisie et d'y rendre de réels services, il se consacrait conscieusement aux devoirs de son emploi ; toutefois, et telle était l'infatigable activité de son esprit et sa remarquable facilité de travail, telle était la force de son tempérament, qu'en dehors de son service et des études spéciales à ce service, il put puiser largement aux sources variées et abondantes que l'enseignement supérieur public offre aux esprits avides de savoir. En mathématiques pures, en chimie, en histoire naturelle, il se tint au niveau du progrès et fit lui-même des travaux et des expériences qui appelèrent l'attention de plus d'un de ses savants professeurs.

Le 18 mai 1825, vit, à la fois, couronner son vif désir d'avancement et interrompre le courant de cette source intellectuelle à laquelle il puisait avec tant d'ardeur. Nommé commissaire-adjoint titulaire à Tours, il dût quitter Paris.

Le sacrifice eût été grand, si, en allant prendre possession de son nouveau grade, il n'avait eu la joie d'emmener avec lui à Tours la compagne intelligente, tendre et dévouée de sa vie.

Subordonné à la nomination qu'il attendait depuis quelques mois déjà, son mariage avec Mlle Zélie Bidault, fille d'un peintre distingué du midi, fixé depuis quelque temps à Paris, avait été célébré le 20 mai, deux jours après la signature de sa commission.

Il entrait ainsi doublement dans ce qu'on appelle le positif de la vie, et comme chef de famille, et comme fonctionnaire en titre.

Dans ces deux voies, le pas décisif qu'il venait de faire ne devait lui rien laisser à désirer.

Si, en effet, il était destiné à parcourir brillamment sa carrière administrative, d'autre part, son mariage, en dehors même des affections et du bonheur intime qu'il lui ménageait, était destiné à exercer la plus favorable influence sur son avenir.

II

Nous avons parlé de l'intelligence de Mme Guimet, nous devons ajouter que cette intelligence avait été cultivée et développée par une de ces instructions solides, comme les femmes en reçoivent malheureusement trop rarement.

Artiste par goût, et artiste distinguée, Mlle Bidault n'était étrangère à aucune des sciences qui, directement ou indirectement, se rapportent à la peinture ; elle possédait quelques notions de chimie et ce qui a trait aux matières colorantes l'intéressait vivement.

Aussi, lorsque le 22 novembre 1826, la Société d'encouragement pour l'industrie nationale proposa un prix de 6,000 pour la fabrication d'un bleu d'outremer artificiel, destiné à remplacer celui qu'on retire à si grands frais du *lapis lazuli,* pressat-elle son mari de s'occuper de cette recherche.

Guimet se mit à l'œuvre avec cette ardeur, avec cette passion, pourrions-nous dire, qu'un esprit investigateur et sagace, excité par des encouragements affectueux et incessants, doit nécessamment apporter à un travail de ce genre. Ses premiers essais furent assez heureux pour le stimuler encore et assurer sa persévérance.

A l'expiration du délai fixé pour le concours, le bleu d'outremer artificiel était trouvé ; ne jugeant pas cependant les produits obtenus suffisants, Guimet ne les présenta pas ; ce ne fut que l'année suivante qu'arrivé enfin à produire industriellement, aux termes du programme, un bleu d'outremer artificiel, réunissant toutes les qualités de celui qu'on retire du *lapis lazuli,* il le soumit à l'examen de la commission.

Le prix, qui n'avait pas été adjugé l'année précédente, lui fut décerné à l'unanimité et, en le félicitant de son succès, les membres de l'éminente Société, ne lui laissèrent ignorer, ni l'importance de sa découverte, ni son immence avenir au point de vue industriel.

C'était en effet une fortune que Guimet avait dans les mains ; c'était de plus une industrie nouvelle pour la France ; et, pour les arts, qui emploient la couleur bleue, une véritable révolution économique.

Ingres travaillait alors à l'apothéose d'Homère qui décore le plafond d'une des salles du Louvre ; il employa le nouveau produit pour peindre une partie des draperies et obtint un éclat jusque-là inconnu.

Plusieurs artistes de talent suivirent l'exemple du « maître » et obtinrent les mêmes résultats.

Non seulement l'avenir du bleu d'outremer artificiel était assuré en peinture, mais son prix de vente allait le faire entrer dans la pratique industrielle pour la papeterie, l'impression sur étoffes, la lithographie et l'azurage du linge.

En effet, l'outremer qui avait jusque-là varié en France, comme prix, entre 2,000 et 5,000 francs la livre, pouvait, dès ces premiers essais de fabrication, être vendu par Guimet 400 francs !

L'écart était énorme; il devait augmenter à mesure que la fabrication prendrait de l'extension et arriver à un chiffre tel qu'on a peine à l'admettre : la belle usine de Fleurieux, près Lyon, dans laquelle M. Guimet fils continue l'œuvre de son père, livre aujourd'hui à l'industrie le bleu d'outremer à 2 francs le kilogramme.

Si l'on veut bien se souvenir qu'à l'époque dont nous parlons les matières colorantes artificielles, tirées de certaines substances minérales et plus particulièrement du goudron de houille n'existaient pas, on comprendra le retentissement qu'eut cette découverte.

Cependant, pressé de toutes parts de faire entrer dans le commerce un produit aussi avantageux, Guimet en établit un dépôt à Paris, rue du Cimetière-Saint-Nicolas. Aussitôt les demandes affluèrent et l'heureux inventeur put prévoir le moment où l'exploitation de sa découverte le forcerait à abandonner le service de l'État.

Ses fonctions lui étaient chères cependant ; le rang d'honneur qu'il avait obtenu au concours de sortie de l'École lui avait donné accès dans une administration composée tout entière d'hommes d'élite, et il en avait franchi chaque degré à la suite de services hors ligne. C'est ainsi, par exemple, qu'après avoir, pendant un court séjour à Toulouse, apporté de nombreuses et importantes améliorations au service dont il était chargé, il venait, en récompense, d'être appelé à Lyon, comme commissaire (30 décembre 1830).

C'est en cette qualité que, l'année suivante, le beau caractère de Guimet eut la triste occasion de se montrer sous un point de vue nouveau.

Vers la fin de novembre 1831, Lyon eut à subir le sanglant contre-coup des émeutes qui s'étaient produites à Paris, à plusieurs reprises, depuis la révolution de juillet. Maîtres de plusieurs canons, les insurgés voulurent s'emparer de la poudrière. Sans se laisser intimider par le danger, et sans recourir à la force pour le repousser, Guimet, seul, sans effusion de sang, parvient à sauver la situation.

Il paie bravement de sa personne, il parlemente avec les assaillants, il discute avec eux les conditions de la capitulation à laquelle, à l'exemple de tous les autres chefs de poste de la ville, l'inspecteur, son chef hiérarchique, est résolu, et, pendant ce temps, il fait jeter dans la Saône les poudres contenues dans les magasins.

L'énergie et l'esprit de conciliation qu'il déploya

à cette occasion, lui valurent l'estime de tous les partis. Sa belle conduite l'avait fait proposer pour la croix d'honneur; quand on la lui offrit, il refusa de l'accepter.

— Je rougirais, dit-il noblement, de porter un ruban obtenu en récompense d'un devoir rempli dans une aussi douloureuse occasion que la guerre civile.

Cette croix, qui est en même temps la juste glorification de la bravoure et celle des services rendus à l'humanité, ne devait pas tarder à briller sur la poitrine de l'ancien volontaire de 1814, et du savant inventeur : le bleu d'outre mer figura à l'Exposition de 1834, une médaille d'or fut décernée, par le jury, à Guimet, et, à cette médaille, le gouvernement joignit la croix.

Ces occupations, ces devoirs, ces honneurs auxquels il faut ajouter les soins et les joies de la famille, n'absorbaient pas tellement le temps et les préoccupations de Guimet, qu'il ne trouvât encore moyen, en variant les procédés au moyen desquels il avait obtenu le bleu, de produire des roses, des verts et des jaunes.

C'étaient là ses récréations, son délassement...

L'application de la chimie aux arts industriels avait d'ailleurs toujours été un de ses goûts dominants.

Au début de sa carrière, nous l'avons vu, obéissant à sa propre initiative, chercher et trouver le secret de la poudre rousse des Anglais.

Ses biographes nous apprennent qu'un peu plus tard, ayant trouvé le moyen de produire le blanc de

céruse avec une économie notable, il avait organisé,
à cet effet, à Saint-Denis, une usine dont il n'abandonna l'exploitation que faute de pouvoir y consacrer le temps et les soins nécessaires.

III

La fabrication de l'outremer avait pris un trop
grand développement pour que le même homme,
quelles que fussent son activité et sa puissance d'organisation, put mener de front les soins de cette
fabrication et ceux d'un service public.

Il était indispensable, ou de remettre à d'autres
mains l'exploitation de l'outremer, ou de quitter
le service administratif.

Guimet, après une lutte douloureuse avec lui-
même, opta pour ce dernier parti.

Le 5 juillet 1834, il donna sa démission. Il était
alors à la tête du service des poudres et salpêtres
de Toulouse.

Il revint à Lyon et y fonda cette usine de Fleurieux, qui compte aujourd'hui 200 ouvriers, utilise
comme force motrice 300 chevaux vapeur, et fabrique par jour 3,000 kilos de bleu d'outremer.

Le succès s'affirma dès l'abord et depuis il n'a
jamais subi d'interruption. L'œuvre a incessam-
ment grandi et, de même qu'au début, les résultats
« ont toujours dépassé toutes les espérances de son
fondateur ».

Cette prospérité, qui se soutient en dépit de la
concurrence faite aux anciens produits par les pro-

duits nouveaux tirés de l'aniline et de ses analogues, prouve combien la Société d'encouragement pour l'industrie nationale et M. Guimet étaient en avance sur leur temps, la première en demandant, et le second en trouvant une substance dont les découvertes actuelles n'ont pu surpasser l'éclat, la solidité et le prix de revient; dont elles n'ont pu, en un mot, ni amoindrir la réputation, ni diminuer l'emploi.

. . . . . Mais nous n'en sommes, dans ce récit. qu'au moment où, à peu près libre des devoirs de la vie publique, l'inventeur de l'outremer peut, en toute liberté, travailler à l'extension de sa découverte.

Durant les premières années de cette période de sa vie, aussi importante que laborieuse, Guimet, selon que nous l'apprend son biographe et ami, M. Mulsant, « se cache en quelque sorte dans le secret d'une existence modeste, toute consacrée à sa famille, à ses affaires et à quelques amis; » ce qui n'empêche pas le succès rapide de l'outremer de rendre son nom célèbre, non seulement en France et en Europe, mais jusqu'aux extrémités de l'Amérique et de l'Asie. L'Exposition de 1839 vient encore étendre et consacrer cette juste renommée qu'accompagne une fortune bien supérieure à ce qu'aurait jamais osé rêver la famille Guimet, dont la simplicité et la sage modération résistent à cette épreuve si délicate et si souvent funeste : une très grande prospérité.

Trop en vue désormais pour se maintenir en dehors de la conduite des affaires publiques, Gui-

met dut accepter le mandat de conseiller municipal qui lui fut attribué à une grande majorité de
voix. Ce fut, pour l'administration lyonnaise une
acquisition dont elle ne devait pas tarder à recueillir les avantages.

Une importante question, celle des eaux, pen-
dante depuis 1770, soulevée et délaissée à diverses
reprises, était la grande préoccupation du moment.

La question principale portait sur le choix des
eaux; devait-on employer celles des sources de la
rive gauche de la Saône, ou utiliser celles du
Rhône?

De puissantes influences semblaient devoir faire
pencher la balance vers le premier projet; Guimet,
convaincu que les eaux du Rhône, non seulement
devaient suffire à tous les services, mais conve-
naient mieux que toutes autres, tant sous le rapport
de la salubrité que sous celui de la facilité et de
l'économie d'appropriation, et persuadé de plus que
le détournement des sources que l'on avait en vue
serait une ruine pour toute une contrée prospère,
avait déjà, comme membre de la Société d'agriculture du Rhône, publié sur ce sujet un savant mémoire.

Il était donc compétent, à tous égards, pour soutenir devant le conseil municipal une opinion qui
était celle de plusieurs autres savants. Il plaida si
éloquemment, en faveur des eaux du Rhône, il
appuya ses paroles de si puissantes démonstrations que la cause fut gagnée.

« Désintéressé dans la question, puisqu'il n'uti-
lisait pas, dans son usine, les eaux que le parti

contraire voulait détourner pour les amener à Lyon, c'était donc uniquement par un sentiment d'humanité et de justice, qu'il avait mis son zèle et son talent au service de la cause qu'il avait fait triompher. »

Son expérience lui avait montré les établissements, auxquels ces eaux donnaient l'activité et la vie, forcés de s'arrêter, le chômage succéder au travail, la misère entrer au foyer de l'ouvrier et ce sombre tableau, en lui brisant le cœur, donna à sa voix les accents pathétiques qui conservèrent du pain à toute une population laborieuse, honnête et reconnaissante.

Reconnaissante, disons-nous ; ces braves gens en donnèrent la preuve lorsqu'un peu plus tard, ils acclamèrent les populations riveraines de la Saône qui voulaient envoyer Guimet à la Chambre des députés.

Nous en avons dit assez pour faire connaître et apprécier tour à tour le fonctionnaire, l'homme privé et l'homme public ; nous avons montré l'inventeur, plus heureux en cela que la plupart de ses émules dans la voie des découvertes utiles, recueillant le fruit de son savoir et de son travail.

Les années s'étaient écoulées ajoutant chacune quelque chose à ce bonheur, qu'avaient à vingt ans de distance, profondément troublé deux deuils cruels : la perte de deux filles tendrement aimées, l'une morte à dix-sept ans, dans la fleur de sa jeunesse ; l'autre à trente-cinq ans et mère d'une nombreuse famille.

Les événements de 1870 vinrent raviver ces

douloureux brisements de cœur, Guimet avait vu l'invasion de 1814, et la présence de l'ennemi sur le sol français fut une épreuve au-dessus de ses forces.

A partir de ce moment, sa santé, déclina rapidement, et, le 7 avril 1871, il succomba doucement, sans agonie, laissant à son fils le soin de poursuivre son œuvre et de continuer, auprès de son nombreux personnel, la mission de bienveillante sollicitude et de dévouement dont il lui avait donné l'exemple.

IV

« Guimet, dit M. Mulsant, était de taille moyenne, son front large et élevé décélait son esprit observateur; ses yeux, dont l'emploi de lunettes ne pouvait cacher l'expression, laissaient deviner toute la beauté de son âme. Les traits offraient un mélange de bonté, de douceur et de finesse; ils brillaient surtout par un air de candeur et de modestie qui donnait, à sa gracieuse figure, un caractère de bienveillance et de sympathie qui lui gagnait tous les cœurs. On ne pouvait s'entretenir avec lui sans être frappé de la rectitude de son jugement et sans admirer ses connaissances, aussi variées que profondes..... Peu d'hommes ont vu leurs travaux couronnés par d'aussi magnifiques succès; mais jamais la Fortune, si souvent aveugle, ne déversa ses faveurs entre des mains plus dignes.

« Ses premiers bénéfices furent employés à faire du bien.

« Un de ses anciens condisciples, dans une position embarrassée, désirait s'occuper d'agriculture d'une manière expérimentale ; Guimet mit à son service toutes ses économies ; acheta un domaine assez important dans lequel cet amateur de la science agricole put se livrer à ses goûts, et vivre d'une manière honorable. L'acquéreur du fonds savait à l'avance ne devoir retirer aucun intérêt de la somme consacrée à cette destination, mais satisfait d'avoir fait un heureux, il laissa son ami arriver à la fin de sa vie, sans jamais lui rien demander.

« Né avec un cœur d'élite et d'une générosité sans égale, il mettait son bonheur à faire celui des autres.

« Les bénéfices qui se multipliaient dans ses mains, comme par enchantement, lui servirent souvent à donner la vie à diverses entreprises industrielles qui avaient besoin d'un appui, pour permettre à une idée heureuse de se développer. Ainsi, ses capitaux ont contribué au succès de la Société de navigation mixte, issue de l'ancienne Société de navigation à éther, et ont permis la formation de la Compagnie Henri Merle, qui exploite, sur une grande échelle, les produits de la mer.

« Dans le concours qu'il offrait si facilement à ceux dont l'esprit intelligent ou inventif l'avait frappé, jamais il n'eut l'espoir d'un gain, propre à accroître son avoir. Son unique but était toujours de contribuer à une conquête nouvelle pour la science, ou de trouver l'occasion d'une bonne action.

« Sa bonté fut souvent trompée et ses espérances déçues; mais rien ne pouvait le guérir de sa confiance si généreuse. Il ne supportait pas la pensée qu'une idée ingénieuse pût avorter sans porter des fruits, faute des moyens nécessaires pour la faire germer. Aussi, combien d'innovations lui ont dû leur succès, sans que le public ait connu la cause qui leur avait permis de naître !

« Si une entreprise ne réussissait pas, si une mauvaise direction en faisait échouer d'autres capables de donner d'heureux résultats, il plaignait ceux auxquels il avait voulu être utile, avant de songer à donner un regret à l'argent jeté ainsi au vent.

« Sa générosité semblait ne pas connaître de bornes. Un jour un de ses protégés auquel il avait avancé des sommes assez rondes, vient lui confier sa position; il lui faudrait encore 20,000 francs pour satisfaire ses créanciers et pour sauver son honneur commercial ; Guimet lui remet les 20,000 francs sans hésiter. »

Des hommes aussi bien doués, sous le rapport des aptitudes et du talent, lorsqu'ils joignent au génie qui les rend utiles à la société, cette noblesse de sentiments, cette délicatesse de cœur, méritent doublement d'être offerts en exemple à la jeunesse.

Faire revivre leur souvenir, populariser leur nom est un devoir qu'il importe de remplir ; il est bon que les nouvelles générations sachent ce qu'elles doivent à leurs devancières et qu'elles apprennent qu'il ne suffit pas d'être savant, laborieux et heu-reux dans ses entreprises, pour obtenir le respect et l'estime ; mais qu'il faut encore et surtout, pour mériter de vivre dans la mémoire des hommes, se montrer loyal, généreux et dévoué.

V

Guimet ne devait pas échapper au sort commun qui atteint tous les inventeurs célèbres : le mérite ou tout au moins la priorité de sa découverte lui fut disputée presque dès l'origine de la fabrication de l'outremer artificiel.

Les prétentions, à cet égard, des savants et des industriels d'outre-Rhin, n'ont cessé depuis 1828 de se produire ; en 1878, elles ont pris un caractère particulier d'acrimonie.

Que nos voisins, soit par amour-propre national, soit, comme quelques personnes le prétendent, pour s'exonérer des droits dus aux inventeurs pour l'exploitation de leurs brevets, nous contestent nos découvertes, cela peut, dans une certaine mesure, non s'excuser, mais s'expliquer.

Ce qu'on ne comprend pas, c'est que des Français se fassent les complices de ces prétentions en les reproduisant sans examen.

N'est-il pas étrange, par exemple, qu'on enseigne dans la plupart de nos livres de chimie que l'outremer artificiel a été découvert, en France, par J.-B. Guimet de Lyon et, *en Allemagne par C. Gmelin de Tubingue?*

« Ce renseignement cependant n'est pas exact, puis qu'il semble indiquer une simultanéité qui n'eut pas lieu. J.-B. Guimet, ainsi que nous l'avons dit, et que son fils, M. Émile Guimet l'a incontestablement démontré en publiant les feuillets du livre d'expériences de son père qui se rapportent à ce sujet, fit sa découverte en 1826 et Gmelin ne fit la sienne qu'en 1828.

« Guimet ne réclama jamais au sujet de cette rédaction défectueuse et les publicistes allemands profitèrent de ce silence, d'abord pour proclamer une coïncidence, peu à peu pour contester complètement à Guimet son invention, et enfin pour déclarer qu'il s'était simplement approprié les travaux de Gmelin. »

M. Loir, professeur de chimie à la Faculté des sciences de Lyon et à l'école industrielle de la Martinière, après cet exposé, entre dans le détail de cette singulière revendication dont il n'a pas de peine, les preuves les plus authentiques à la main, à démontrer le peu de fondement.

M. Loir termine l'exposé consciencieux et sincère qui établit les droits incontestables de J.-B. Guimet et qui réduit à néant les allégations des écrivains allemands, par le résumé suivant :

« En 1826, au mois de juillet. J.-B. Guimet obtient l'outremer artificiel.

« La même année, au mois d'octobre, J.-B. Guimet produit industriellement l'outremer, qu'il livre aux artistes dès cette époque.

« En 1827, Gmelin *reconnaît la possibilité* de faire l'outremer, ce qui avait été *reconnu trois ans avant* par la Société d'encouragement.

« En 1828, Gmelin obtient de l'outremer, ce qui

avait été obtenu *deux ans avant* par J.-B. Guimet.

« Encore cet outremer de Gmelin était-il un produit de laboratoire mélangé de matières grises et obtenu au moyen de nombreuses opérations coûteuses et délicates (1). »

D'où il résulte, on le voit, que les droits de J.-B. Guimet à la découverte de l'outremer sont incontestables.

(1) Notes historiques sur la découverte de l'outremer artificiel. Lyon, 1879.

CONCLUSION

Pour terminer notre étude sur la teinture et l'impression des tissus, nous empruntons à un remarquable rapport de M. Persoz fils les passages suivants :

Dans la plupart des spécialités qui concourrent à la coloration des étoffes, la France, assure-t-il, a été, de toutes les nations, la mieux représentée aux grandes expositions internationales qui se sont succédé depuis environ un quart de siècle ; blanchisseurs, teinturiers et imprimeurs ont rivalisé de talent pour assurer notre supériorité. Rouen et Mulhouse, Lyon et Saint-Étienne, Reims, Amiens et Roubaix ont tenu à justifier leur ancienne réputation. L'industrie des environs de Paris qui a tant de difficultés à surmonter, par suite de l'élévation des salaires, a continué à se maintenir florissante, grace aux perfectionnements introduits par les fabricants, soit dans les machines pour réduire la main d'œuvre, soit dans les procédés chimiques.

Quant à l'indiennerie, l'introduction des couleurs d'aniline dans l'impression a eu pour effet de changer complètement la fabrication de certains genres, surtout des articles haute nouveauté.

Le noir d'aniline, en particulier, a été une véritable conquête pour les imprimeurs. Non seulement, en effet, ce noir a une richesse et un éclat remarquables, mais il présente encore l'avantage de résister à la plupart des agents énergiques.

Les fabricants profitent surtout de cette qualité précieuse lorsqu'ils ont a réaliser un article à plusieurs couleurs garancées. Ils commencent par former le noir d'aniline sur le tissu et passent ensuite à la fabrication des autres couleurs, c'est-à-dire à l'impression des mordants, au bousage, à la teinture, à l'avivage, sans s'inquiéter du noir, qui ne souffre point de toutes ces opérations.

Un fait capital sur lequel nous devons appe-

ler. l'attention, c'est que, grâce aux couleurs
dérivées de la houille et à la facilité de leur emploi, le fabricant est à même d'exécuter, sur les
tissus, des sujets qu'il aurait dû rejeter autrefois, comme présentant des couleurs d'un voisinage incompatible.

Le dessinateur n'est donc plus obligé d'être
parfaitement versé dans tous les détails de la
fabrication ; il peut donner un libre essor à
son imagination, et ainsi c'est de lui que dépend
plus que jamais le succès d'un établissement.

TABLE DES MATIÈRES.

DEUXIÈME PARTIE.

Soc. d'impr. Paul DUPONT, Paris, 41, rue J.-J.-Rousseau. (Cl.) 123,4.82.